CONTENTS

SENTE-SE À MESA DO SISTEMA

Adam Araujo

DEDICATÓRIA

Dedico esta obra à cultura Hip Hop, nascida nos guetos dos EUA, disseminada no Brasil e em todo o mundo. Filosofia de vida, da qual faço parte e, que me salvou das garras do sistema. Este livro só existe porque um dia, Eduardo Taddeo, o maior letrista de rap do país, disse: "você pode ter sua grife, sua firma, seu livro, acredite no seu potencial, porque, eu acredito". E eu acreditei.

AGRADECIMENTOS

Quero expressar a minha eterna gratidão ao universo e a todas as pessoas que fizeram parte desta jornada, diretamente ou indiretamente. Agradeço primeiramente a energia que nos move, criadora de todo o universo e força inexplicável para seres como nós. Sou grato pela saúde, o discernimento e a conexão com o meu eu superior, que me permitiu acessar o campo das ideias e desenvolver esta obra. Quero deixar os meus sinceros votos de gratidão a Adelma, minha mãe, melhor amiga e a mulher que me ensinou a ser um homem. Agradeço a Ádila, minha querida irmã, que cuidou de mim desde bebê, com um amor que somente as mães conseguem ter. Agradeço a Mariana, minha filha, que com o brilho dos seus olhos, me mostra o que realmente é amor e torna um mundo tão pesado, leve como uma pluma. Sou grato por Laura e Kaynan, meus sobrinhos queridos. Sou grato também por Roberto, meu padrasto, que só chegou na minha família para somar e nos ajudar. Agradecimento especial também para Ícaro Moro, meu grande amigo, que nas várias conversas que trocamos sobre este livro, muito me ajudou com ideias positivas e encorajadoras. Por fim, quero expressar a minha gratidão a mim mesmo, pelo ser humano que sou e busco ser diariamente, por nunca desistir, por buscar a leitura e inspirar outras pessoas também a ler, por estudar e querer sempre entregar o meu melhor, pela minha visão, missão, propósito e valores aqui na terra.

ADAM ARAUJO

Muito obrigado.

APRESENTAÇÃO

Este livro foi escrito, revisado e distribuído, por um homem negro e morador de periferia. O meu primeiro objetivo com esta obra, é fazer com que pessoas negras das periferias do país, entendam e se protejam do sistema do qual fazem parte, além de se sentirem representadas e inspiradas para fazer coisas ditas impossíveis. O maior salário por este livro, seria ver outras pessoas que fazem parte desse contexto racial e social, se organizando e se transformando na melhoria que eles buscam no mundo. O meu segundo objetivo, é que as pessoas brancas, que tem empatia e humanidade o bastante para se colocarem no lugar do próximo, entendam o sistema do qual são privilegiados, diretamente ou indiretamente, e que lutem contra a estrutura que possibilita os seus privilégios. Embora eu veja o segundo objetivo como algo utópico, eu ainda acredito, todos os dias, que podemos ser melhores do que ontem, além de acreditar também que toda revolução parte de ideias utópicas.

PREFÁCIO

Quando ouvi pela primeira vez a prévia da música 'Sente-se à Mesa do Sistema' fiquei incrivelmente remexido. Ao mesmo tempo, quase imóvel. Nessa época, eu e o Adam dividíamos o aluguel de um apartamento e foi uma fase prolífica, de aprendizado mútuo. Adam é meu primo de primeiro grau, mas nós nos conhecemos há apenas 5 anos. Talvez um dos motivos seja o meu pai, que é irmão do pai dele, ter sido criado longe da família por motivos que serão muito bem explanados ao decorrer deste livro. Afinal, um menino preto,no mesmo bairro periférico em que anos depois o Adam cresceu, com a mãe falecida quando era bebê, o "pai" daqueles que cometem aborto e uma tia avó sem condições financeiras, físicas e psíquicas para criá-lo de forma segura ia parar onde? Na Febem.

Pois bem, desde quando conheci o autor deste livro, sempre debatemos constantemente sobre como narrar as nossas próprias histórias, como expor os nossos pensamentos e como ajudar a construir uma revolução. Esta obra é um passo à frente de tudo o que já fizemos na música, nas entrevistas ou quaisquer outros meios de comunicação. Escrever e publicar um livro desse quilate, sendo preto e periférico no Brasil é uma façanha imensurável. Na verdade, passar dos 25 anos nessas condições já é um milagre e tanto… Enfim, irmão, o pretagonismo (protagonismo preto), se manifesta mais uma vez! Suas palavras têm poder, são revolução!

Quando for apreciar esta obra, o leitor deve compreender que a construção e a manutenção do sistema não são simples e fáceis de entender. Embora as palavras tenham sido muito bem colocadas e articuladas pelo autor, se faz necessário considerar que todo o aparato imundo que mantém as estruturas massacrantes levaram em consideração as características psíquicas da humanidade, os seus desejos, propensões e estímulos para montar o maquinário perfeito do ciclo entre miséria, ilusão, desinformação, prazeres, consumismo, promessas, crime, luxo e hipocrisia, obtendo a fórmula que só funciona pra quem lucra e sai ileso desde o início das colonizações.

Quando eu vou a um centro de internação provisória para menores infratores onde, de 14 adolescentes, 13 são negros, fica - pela milésima vez - escancarado que tem algo muito errado. Não, não somos propensos ao cometimento de crimes como teóricos do direito afirmaram e como os políticos defendidos por unhas, dentes e facas pelos seus iguais e por uma parte de suas próprias vítimas declaram sem que haja qualquer consequência. Não somos inferiores como propagou Nina Rodrigues, médico do séc. XIX, que foi homenageado com o nome de um hospital no Maranhão, que compõe uma das regiões mais pretas do país.

Por falar em hospital, há sete anos trabalho em um de grande porte em BH e, vai por mim, nada é tão ilustrativo dos alertas do livro quanto este ambiente. Em sete anos eu não vi sete médicos negros por lá. Não vi membros da diretoria, daqueles que assinam papéis e tomam decisões, da minha cor. Pelo contrário, quando me deparo com os colegas do meu setor, a manutenção, onde reina o serviço braçal, pouco reconhecido, a maioria tem melanina, meus traços e histórias de vida repletas de traumas, vícios, não educação financeira, sofrimento e não acesso à informação até mesmo dentro da instituição. Assim ocorre também no setor de higienização e limpeza, uma versão alternativa das empregadas domésticas.

Por falar em domésticas, um dia estava eu fazendo uma análise de um serviço no estar médico da maternidade e ouvi a conversa de duas médicas, bem jovens e de peles bem claras. Uma dizia para a outra que achava um absurdo a empregada dela (sim, eles sempre usam as palavras que conotam propriedade) pedir aumento. Que ela não tinha condições de pagar e que precisava de alguém para cuidar dos filhos e da casa dela. Aí eu me pergunto? E quem cuida dos filhos e da casa da empregada? Como não estava disposto a perder tempo falando com esse lixo de uniforme assistencial, preferi sair do local sem fazer a pergunta a ela, já que de nada iria adiantar. O sistema é o mesmo desde navios. É por isso que enquanto se encera o piso se encerra o riso.

Os livros de estória falharam muito na missão de expor que éramos e somos reis. E o presente livro resgata isso. É uma chance de nos informar e parar de jogar o jogo deles novamente. Sempre reflito sobre os graus de ódio e de afeto que temos que ter no nosso coração e as dificuldades de direcionar para os destinatários certos. É muito trágico quando vemos um irmão atirar no outro usando uma camisa da Lacoste. Ele está matando um igual e ostentando o que mantém a riqueza do rival. Quando eu vejo que na lei referente ao júri popular (que julga crimes de homicídio) está estabelecido que o réu será julgado pelos seus pares e olho o que acontece na prática eu constato que a maioria de aproximadamente 56% da população negra no Brasil não está representada ali. Onde estão os meus pares?] (pergunta retórica) Não estão no judiciário, no legislativo, no executivo. Nunca estiveram. A merda foi toda construída e é mantida pelos descendentes de sinhôs e sinhás.

Se você ainda acha que o Estado realmente combate o tráfico de drogas, leia este livro pelo menos três vezes. Se você acredita na pureza do cristianismo, leia quatro. Como se diz Malcolm X: "qual a lógica de eu querer esperar a morte para (supostamente) ter o paraíso, enquanto quem me fala sobre isso tem o paraíso em vida?" Temos urgência. Não dá pra esperar. Mesmo nos matando tão cedo, não dá pra esperar. É necessário questionar uma das principais ferramentas utilizadas para tentar legitimar a maior barbárie já cometida. Os meus iguais foram julgados sem alma, torturados, açoitados, mortos de todas as formas em nome dessa religião.

Se a gente não se informa, não busca conhecimento e o aplica, endossamos o número abismal do encarceramento em massa, pois aquele que não conhece a sua história e não tem força para lutar contra o opressor não pode nem cogitar ser livre. Se a gente continua desinformado e no conformismo, matam a nossa negritude antes mesmo de nos matar biologicamente. Que possamos não querer ser aceito por eles, não pertencer ao grupo deles. Nosso corre é a autonomia! Eles não gostam da gente. Fazem questão de comentar com o subordinado que teve a luz cortada no mês anterior por falta de pagamento, que deu para o filho de 18 anos um carro zero. Vi isso acontecer em uma empresa que trabalhei. Que possamos canalizar o nosso ódio contra esses que nos assolam. A educação é o principal caminho. Faz parte do plano deles a nossa comemoração quando o professor falta, quando ele não dá uma aula que faz pensar. A educação é um serviço que não cobramos quando não é prestado. E isso impacta em todo o resto. Sejamos negros revoltados como Adam Araújo, Abdias Nascimento, bell hooks, Marielle Franco, e Mano Brown, que disse uma frase que eu jamais vou esquecer: "você tem que ser honesto com
quem é honesto com você."

Lucking

SUMÁRIO

184
Referências

INTRODUÇÃO

No ano de 2019 eu lancei um EP de rap, contando tudo o que o sistema já havia me feito sentir. O que aconteceu é que com apenas 4 faixas de um EP, não é possível explicar um sistema tão complexo como o que vivemos. Continuei escrevendo minhas músicas e pensamentos e percebi que seria preciso fazer pelo menos 4 álbuns duplos, para tentar explicar de forma resumida, como o Brasil oprime pessoas parecidas comigo e escancara as oportunidades para o privilegiado.

Com o passar do tempo, além de buscar mais conhecimento, foram surgindo inspirações para fazer algo maior. Visualizando um pouco além das fronteiras que limitavam os meus passos, pensei que desse momento pra frente, seria preciso voar.

Vou escrever um livro.

Pessoas iguais a mim não são ensinadas a alçar voos mais altos, na verdade, nossas asas são podadas ainda no ninho e nos colocam de frente ao abismo, para que possamos aprender por conta própria, como voar com asas podadas. Não é simples para pessoas negras, apagar do subconsciente, todo o passado de traumas psicológicos sofridos desde a nossa infância. Quando conseguimos acessar e apagar traumas, entender dramas, conhecer o nosso verdadeiro poder, superar os obstáculos, contra tudo e contra todos, nos transformamos em um perigo para o sistema.

É algo que faria *Nipsey Hussle*, gritar lá do céu:

"Fuck niggaz always gotta learn hard way" - *Foda-se crioulo, sempre aprendemos da forma mais difícil.*

Ainda que a corrida seja do leopardo contra a mula manca, é preciso continuar correndo. Como diria o próprio *Nipsey*, *"The marathon continues"*. Uma maratona, nada tem a ver com ganhar troféus e sim, em continuar contra todas as dores físicas e psicológicas.

Continuemos a correr a nossa maratona, que atualmente está no ano 522. Que durante o percurso, todos possam tomar de volta o que é nosso por direito. Nossas próprias mentes, nossos sonhos, nossas próprias raízes e a verdadeira história que não consta nos livros do MEC. Tomemos de volta a auto estima, a confiança, a riqueza, o poder e o querer.

Acreditemos no nosso poder e na nossa fé, pra quem é de amém, amém. Pra quem é de axé, axé.

CAPÍTULO 1

CCC

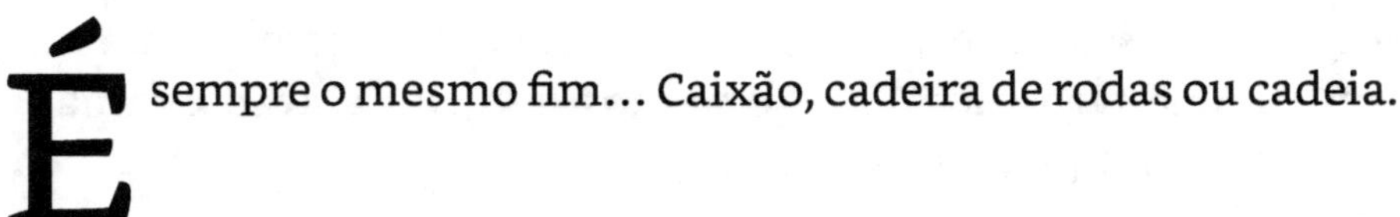

É sempre o mesmo fim... Caixão, cadeira de rodas ou cadeia.

CAPÍTULO 2

Eu vejo de tudo

Me lembro como se fosse ainda hoje, a ida à escola pela primeira vez. Naquela época, existia o primeiro, segundo e terceiro período antes do pré escolar, não sei se hoje em dia é assim e confesso que não quis Googlear para saber como funciona nos dias atuais.

Sempre morei em um bairro da periferia de Belo Horizonte. O bairro São Paulo sempre foi engraçado e ao mesmo tempo medonho, interessante, educativo, nem que seja com o uso da força. É aqueles bairros em que a mesa de baralho ensina mais do que a escola e a criminalidade, ensino público fodido e a falta de cultura nos assola 365 dias do ano. Onde o pobre se apoia na religião, por imaginar que a vida vai "virar" um dia e tudo vai ser como deveria ser. Quando eu digo isso, estou dizendo em relação a ter uma vida digna.

Voltando para a Escola Elos, cheguei lá nos meus primeiros dias e me senti em um lugar diferente. A quantidade de crianças, os professores, a merenda, tudo era um universo muito novo pra mim. É impressionante como o nosso olfato está ligado à nossa memória. Até hoje me lembro do cheiro daquele lugar, quando vou ao posto de saúde que fica ao lado da escola, que por sinal, virou uma UMEI e está lá até hoje.

Me lembro quando vi a Priscila, minha primeira "namorada" - daquelas que não podia saber que você tava namorando com ela - porque se soubesse, terminaria o "namoro" com você. Priscila era algo parecido com o que eu já tinha visto na TV. Era loira, de olhos azuis, cabelo liso, pele bem clara, lábios rosados. Bem parecida com aquelas Paquitas que trabalhavam com a Xuxa nos programas de domingo, na década de 90. Aqueles programas que parece que foram gravados na Suécia, de tanta gente loira e branca no palco. Como foi assim que a TV da década de 90 nos ensinava, eu pensei que o mundo era assim e que provavelmente eu me casaria com uma Paquita. Não ria da minha cara, eu era um moleque de 5 anos de idade e não sabia muito bem onde estava me metendo nesse mundo louco que nos remete ao ódio de cor e classe.

Um belo dia, eu e alguns amiguinhos brincávamos no parquinho, quando avistamos Priscila de longe. Eu caí na besteira de falar que ela era minha namorada, sem imaginar o mormaço racial que já me queimava, embora eu ainda não sentisse o calor na pele.

Como um raio, Jonas saiu correndo em direção à Priscila. Ele era o meu melhor amigo e talvez tenha tido boa intenção. Meu coração apertou e o meu estômago deu uma volta. Senti um nó na garganta quando Jonas voltou correndo e logo atrás dele, vinha Priscila em nossa direção, com um olhar de ferver água gelada. Não éramos sequer amigos.

Ela se aproximou e disse com essas palavras:

Não sou a sua namorada! Você é preto! E preto é feio!

Éramos apenas crianças com 5 anos de idade...

Fiquei sem entender naquele momento. Eu não sabia que a cor da minha pele era um empecilho e que as pessoas não gostavam de mim porque a minha pele tinha mais melanina. Fiquei muito triste o restante do dia na escola e todos à minha volta repararam. Eu até hoje, sou aquele tipo de pessoa que quando não está bem, só de dar um bom dia já recebe de volta a pergunta: Aconteceu algo? Sempre fui extremamente extrovertido e conversador, fazedor de amizades e sorridente.

Quando cheguei em casa, a minha primeira atitude foi entrar no banheiro. Se você tem a pele escura como eu, vai adivinhar o que fui fazer lá. Isso se você não tiver feito exatamente o que eu fiz.

O maior pecado do sistema racista contra um negro, - você vai ler muito a palavra "sistema" nessa obra - é criar uma tempestade psicológica em crianças indefezas, a ponto de fazer elas se odiarem por ser negro. Esse é o maior legado do epistemicídio e eu vou falar sobre seus efeitos mais à frente.

Abri o chuveiro, peguei a bucha vegetal, o sabão em barra e esfregava a pele com o máximo de força que uma criança de 5 anos tem. Quanto mais o sabão saía da pele, mais eu chorava por ver que eu ainda continuava com aquela cor. Ficava me perguntando: por que é assim? Por que não sai? Não quero ser feio. Não quero ser preto.

É... O sistema é cruel...

Saí do banho com os olhos vermelhos de tanto chorar, tentei esconder da minha mãe que eu estava chorando, mas a minha cara "amarrada" fez com que minha mãe percebesse que algo de errado estava acontecendo com a cria dela. Segundos após entrar no quarto ela perguntou o que havia acontecido, eu respondi que não era nada e ela deixou "passar batido". Como estávamos em 1990, a diversão ou passatempo da época era a televisão e a minha mãe estava na sala assistindo. Confesso que não sei como isso aconteceu, já que a minha mãe e o meu pai, que ainda morava na minha casa nessa época, só sabiam trabalhar para tentar nos dar uma vida digna. Eu fui para a sala assistir TV com a minha mãe e ela me viu triste, sentado no chão.

O que foi meu filho? O que aconteceu? Respondi que não era nada e ela insistiu mais uma vez, até que não resisti e soltei:

É porque preto é feio mãe!

Os pais da Priscila conseguiram perpetuar um dos maiores trunfos que a cultura colonial nos impõe desde o nascimento. A criança preta que odeia a própria cor.

Minha mãe, que por sinal tem a pele mais clara, mais amarela, mas com todos os traços negros, me disse:

Meu filho... Você é lindo, preto é lindo!

Ela começou a me falar sobre os pretos que naquela época faziam sucesso. Pegou os discos de vinil e me disse:

Olha o grupo Raça Negra, o Só pra Contrariar, - os nossos exemplos de sucesso, que eram apresentados pela mídia na época, eram mais comuns no esporte ou na música - olha o sorriso deles, olha a pele deles. Enfim, em outras palavras, minha mãe começou a me mostrar sobre negritude, sobre beleza negra, ali na minha infância. Eu precisava entender que o mundo é cruel e que eu precisava ser forte.

Dona Adelma sabia que tinha colocado no mundo, alguém que iria passar pelos maiores tipos de preconceitos que um humano pode fazer com o outro. Um preto, em um bairro da periferia, não pode viver uma vida normal, ele tem que começar a ser alertado desde cedo.

Esse foi o meu primeiro contato com o racismo. Eu tinha 5 anos de idade.

Quando a televisão te mostra que o apresentador é

branco, o âncora do jornal é branco, os atores principais da novela são brancos, fica difícil se imaginar galã e protagonista de algo. Quando um negro aparece, ou ele é escravo nas novelas de época ou é a negra que serve o copo d'água para a madame fofa histérica em uma das cenas, equilibrando uma bandeja de inox.

Ninguém te explica quando criança que; os filmes são protagonizados por brancos, os diretores são brancos, os donos de canais televisivos são brancos, os personagens de desenho animado são brancos, as bailarinas do programa são brancas, os super heróis são brancos, os brinquedos são brancos, o conceito de família feliz no comercial de imóveis e de margarina é branco.

Indiretamente, induz uma criança negra a não se enxergar merecedora ou capaz do que é bom.

Quando você é uma criança, sem senso crítico, você consome tudo isso de forma muito automática, afinal, isso também faz parte de uma das engrenagens do sistema. Para um sistema bem arquitetado funcionar de forma completamente efetiva, é extremamente necessário que se ensine ao povo preto, morador de periferia, que a subserviência é o seu papel no mundo, que você nasceu para trabalhar no subemprego. Que você que é preto, está totalmente alinhado ao rodo e a bota plástica, aos caminhões de lixo, a assar dentro de uma guarita para proteger a propriedade do tipo de pessoa que mais te odeia. A cozinhar para uma família durante décadas, depois levar a sua filha para fazer o mesmo e brilhar a casa deles, para que quando a sua neta nascer, ela também sirva essa família branca, rica, tradicional, cristã, que fala em alto e bom tom:

"fulana tá com a gente desde os 13 anos de idade. É quase da família! Hoje a filha dela também trabalha aqui em casa e agora veio a neta. Eles passam o natal com a gente".

Sim, passam o natal com a família, cozinhando para eles e seus convidados e após a zero hora, recebe um abraço, um par de meias de presente e um tapinha nas costas, antes de entrar para o quarto de empregada - a nova senzala - e dormir longe de sua família, que por sinal, está lá na favela a esta hora, bebendo, comendo, fazendo churrasco, tomando Sidra Cereser e aproveitando o que veio na cesta de natal que é endereçada ao chão de fábrica.

A melhor maneira de um sistema capitalista e racista funcionar perfeitamente, é nos manter escravos de uma forma mais moderna. Nos dão um salário de fome de 1000 reais, que quando é descontado sobra uns 750 e te obriga a voltar no outro dia para ser humilhado mais uma vez pelo seu patrão. Até porque, se você não quiser, tem 10 mil na fila querendo o seu lugar. Quando a novela mostra que o branco é rico e o preto sempre o serve, aquilo fica cravado em seu subconsciente, bem como em uma terapia hipnótica em que o pêndulo balança à sua frente e você fica ali de "chapéu" sem entender, apenas fazendo as vontades de quem está no comando do pêndulo. Atrelado a isso, vem aquelas velhas frases: "os últimos serão os primeiros", "quem ri por último ri melhor", "os humilhados serão exaltados", "O senhor é meu pastor e nada me faltará", dentre outras frases esperançosas que injetam no cérebro do conformado, que tudo vai dar certo no final. Elas servem como "freio de pobre" e a religião está completamente incrustada nisso. Vou explicar melhor em outro capítulo como a religião trabalha para o sistema.

Eu estava assistindo a um documentário no *Netflix*, que fala sobre os atentados de 13 de novembro de 2015 em Paris. Terroristas atacaram 6 cafés nas imediações do *Stade de France*, onde acontecia um jogo entre Alemanha e França. Eles também invadiram um show de rock com mais de mil pessoas, que acontecia no Teatro *Bataclan*. 137 pessoas morreram naquela noite, sendo 130 vítimas e os 7 terroristas. As entrevistas no documentário mostram como o terrorismo, além de estremecer a estrutura física das pessoas que passaram pela experiência, é um terremoto emocional e psíquico. Os sobreviventes disseram que nunca mais conseguiram ter uma vida normal. Ainda lembram dos gemidos de dor, gritos de socorro, cheiro de sangue e de pólvora, o barulho ensurdecedor do fuzil AK-47 disparando e o estrondar das explosões dos terroristas ao cometer o suicídio, conhecido como *Jihad*.

Os sobreviventes do atentado carregam traumas até hoje. O trauma é algo que segue a vida com você. O racismo em sua estrutura, gera centenas de traumas em quem o sofre na pele.

A estrutura racista, baseada em uma cultura colonial, passa a vida inteira nos mostrando de forma sutil ou não, que somos seres inferiores. Nascer negro é ser bombardeado diariamente com informações diretas e subliminares de que o branco é melhor do que você em tudo. Seja na beleza, na inteligência, na educação, na cultura, na forma de se vestir, de se portar, etc.

Somos condicionados a ver o preto como um potencial traficante, ladrão de banco, sequestrador ou metedor de fita de moto, já que de acordo com especialistas do CNJ (Conselho Nacional de Justiça), quase 64% dos presídios são compostos por pretos e pardos[1], mesmo sabendo que somos 55,8% da população brasileira segundo o IBGE[2].

É estranho imaginar ou conseguir entender somente depois de velho, a forma como a polícia nos trata, a forma como os professores nos tratam, os chefes no trabalho, as pessoas na rua, os donos de comércio quando entramos para comprar algo, enfim, tudo o que está relacionado a nossa pessoa e a pessoa de outrem.

Eu tinha 9 ou 10 anos de idade quando tive o meu primeiro contato com a polícia. Me lembro como foi algo marcante pra mim e só consegui entender depois de velho, que o policial era um cão a serviço de seu dono e, quando eu digo dono, não estou relacionando somente ao Estado na pessoa do Governador e sim, na minoria bilionária do país, que é composta pelos herdeiros de quem roubou aqui a 500 anos. Ou seja, são os brancos racistas que aprenderam na sala de casa, como deve tratar quem é objeto.

Me lembro que estava eu e o Gustavo, um amigo de infância da minha rua que sempre andava comigo pelo bairro. Desde cedo, entendemos que era necessário trabalhar para ganhar nosso dinheiro e comprar o que quiser, a gente vivia junto pensando em como ganhar dinheiro. A gente olhava carro, pegava manga ou abacate na minha casa e vendia na feira, catava garrafa no pagode de domingo - em meio a tiros, facadas, porradaria, safadeza e "us carai" - armava arapuca na feira para pegar pombos e vender para o *Maravilha*, que era um senhor que vendia e comprava galinha, pato, pombo, etc na feira do bairro.

Num final de tarde, eu e Gustavo estávamos 3 ruas acima da nossa e naquela época, já existia as "tretas" de rua contra rua. Não me recordo muito bem o que aconteceu que trombamos dois caras que também não eram da terceira rua e uma treta começou a rolar entre nós 4. Não estávamos brigando ainda, mas já estávamos discutindo para ver como íamos brigar. Em questão de segundos, o Gustavo puxou a rasteira em um dos moleques e saiu correndo, enquanto o moleque estava no chão chorando, eu fingi que ia conversar com o outro, que era maior por sinal. Eu soltei um "pombo sem asa" na cara dele e corri descendo a rua. Em meio a um ponto de ônibus, com pessoas esperando o busão, tinha um policial que viu um pretinho correndo sem camisa e com um short tipo aqueles dos moleques do filme "Cidade de Deus". O "homem da lei" não pensou duas vezes, afinal, como os racistas adoram dizer: "preto parado é suspeito e correndo é ladrão". Mais do que depressa, ele atravessou o braço na minha frente. Vi o mundo ficando de cabeça pra baixo e ralei as costas inteira. Ele me pegou pelo braço e disse que ia me levar preso porque eu estava correndo, - como se crianças não pudessem correr - Como eu tinha acabado de me envolver em confusão, como toda criança de 10 anos de idade faz, eu fiquei pedindo para que ele não me levasse à FEBEM - naquela época era fácil fazer um moleque ficar quieto, bastava falar que ia levar ele à FEBEM - o "bom exemplo", "protetor da lei" e dos direitos viu que tinha feito merda e mesmo assim, ficou me intimidando dizendo que ia me levar preso se me visse correndo novamente. Eu pensei que ele soubesse que eu tinha soltado um soco na cara do outro moleque a alguns metros dali, porém ele não tinha visto nada, apenas me derrubou por pensar que o pretinho sem camisa e canela foveira, estava fazendo o que é de costume do racista pensar. Que eu estava roubando.

Nunca consegui entender muito bem a atitude daquele policial. Só fui entender depois de velho, quando eu já era adolescente e estava trabalhando como menor aprendiz, no Fórum Lafayette em Belo Horizonte. Trabalhar no Fórum me fez entender ainda mais o abismo social, econômico, cultural e racial, que pisca em neon, mas não é enxergado por pessoas ditas "normais". É necessário ser sensitivo, observador e acima de tudo, valer da sensatez para entender o que estou falando. O meu objetivo, parafraseando a minha mãe, é "abrir os seus olhos até no branco" com esta obra.

Trabalhar na ASSPROM (Associação Profissionalizante do Menor) foi o primeiro passo para uma vida completamente diferente dos meus amigos que decidiram seguir o caminho do crime e ser preso ou morrer em mais um dos tentáculos do sistema. Eu vou explorar o assunto criminalidade de forma mais minuciosa em um capítulo específico.

Como menor aprendiz, no Fórum Lafayette, comecei a enxergar ainda mais o quanto o abismo social e racial era exposto e poucas pessoas o enxergam. Nesta época, eu já ouvia rap a pelo menos uns 7 anos, para ser mais exato, eu conheci o rap em 1994 quando eu tinha 9 anos de idade. Meu primo jogou no toca fitas um K7 do Racionais e do nada começou a tocar "Fim de semana no parque", o auge do que era rap naquela época.

Nunca vou me esquecer de como a voz do Mano Brown tocou os meus ouvidos. O cara falava na música, às vezes tinha algo cantado, mas ele mais falava com rimas. E ele trazia uma mensagem forte, que eu nunca tinha ouvido em outras músicas antes. Ele conversava comigo, falava a minha língua, falava de coisas que estavam em minha cabeça mas eu não conseguia explicar com palavras. Aquilo me encantou e esse foi o meu início no rap.

De lá pra cá, me afundei no movimento Hip Hop como filosofia de vida e nunca mais esqueci o rap, sempre o coloquei como música primordial nos fones de ouvido, já que o segmento sempre foi marginalizado.

Além da influência do meu primo que me apresentou o rap, também tive uma enorme influência do meu vizinho de frente, falecido "Delinho", que tinha um som em casa, com milhares de vinis que não parava de tocar sequer um dia do ano. Ele era completamente eclético e ouvia todo o tipo de música que poderia ter existido. E quando eu falo que ele tinha um som, é preciso imaginar caixas que iam do chão quase chegando ao teto e aparelhos com botões que mais pareciam uma cabine de avião do que um aparelho de som.

Me lembro que certa vez eu estava me arrumando para ir à escola e tinha um dever de casa que eu não havia feito. Eu já estava puto da vida por ter que estudar, ainda mais sem o dever de casa feito. A minha professora, Sandra, xingava muito quando não fazíamos o dever de casa. Quando resolvi sair no portão, tocava *"Sr. tempo bom"* do *Thaíde e DJ Hum*, na casa do *Delinho*. Aquilo me prendeu de uma forma que eu não conseguia não prestar atenção, já que a gente escutava música de "tabela" o dia todo e, aquele ritmo era exatamente o mesmo que eu já tinha ouvido do Racionais a primeira vez. O mesmo segmento, porém cantado com *flow* (levada) diferente. Uma das versatilidades do rap que me deixou ainda mais fascinado.

Introduzi essa história do meu primeiro contato com o rap, porque faz muito sentido com a continuação da minha primeira experiência profissional no Fórum.

Esse paralelo entre o Rap e o meu primeiro emprego formal, como menor aprendiz, aos 16 anos de idade, me fez ver o racismo de perto e o preconceito de classes escancarado. Conheci outros menores, que como eu, também estavam felizes por trabalhar pela primeira vez. A esmagadora maioria dos ASSPROM são moradores de periferia, que se amontoam nos becos e vielas nas mais diferentes favelas e bairros distantes de BH. Éramos 120 office boys/girls cheio de sonhos, mas com pouca ou quase nenhuma oportunidade para conseguir concretizar.

Comecei a prestar mais atenção na relação das pessoas umas com as outras, nos olhares de cima embaixo, na forma diferente de falar e tratar cada indivíduo, mais se baseando na profissão que tal pessoa exerce do que no ser humano que ela é.

Reparei nos juízes, promotores, corregedores, desembargadores, advogados, delegados e escrivães. Todos tinham muito em comum na cor da pele e nos sobrenomes estrangeiros. Me lembro de caminhar pelos corredores do Fórum pela manhã e ler cada uma das plaquinhas nas secretarias e gabinetes do segundo andar, onde na época ficavam somente as varas criminais. Era tanto sobrenome estrangeiro que parecia que estávamos em outro país. Eu nunca tinha tido contato tão próximo com o burguês e, o meio jurídico é a meca do playboy que faz da máquina pública a sua religião e do dinheiro e poder o seu Deus. Posso dizer isso de cadeira, porque além de ter trabalhado no Fórum, eu cursei Direito, embora tenha abandonado o curso duas vezes, uma no terceiro e outra no sexto período.

Ao mesmo tempo em que eu via o perfil (pele clara e sobrenome de colonizador) em todos os cargos de liderança, eu via no pessoal da limpeza, seguranças, copeiras, jardineiros, manutenção, motoristas, menores aprendiz, o perfil (pele escura e sobrenomes Silva, Ferreira, Dos Santos, etc).

Naquela época eu tinha contato muito próximo com o crime, porque além de morar em um bairro muito violento e ter amigos de infância envolvidos, eu trabalhava em uma Vara Criminal. Perdi a conta de quantas vezes encontrei, no Fórum, os meus amigos de infância ou conhecidos do bairro. Uns algemados e escoltados, outros para fazer uma audiência ou então indo assinar durante 24 meses, a lei 9099-95.

Eu gostava de ler a petição inicial, a denúncia do Ministério Público e o boletim de ocorrência, para tentar entender qual crime o réu cometeu para estar preso. Tentava entender porque a vítima foi morta, lia o laudo do IML, observava as fotos e o que o perito havia dito, lia o laudo da balística, procurava no residuográfico alguma semelhança com as impressões digitais do réu, lia as intimações e as sentenças. Eu vi coisas absurdas que o ser humano é capaz de fazer. O ambiente do Fórum é algo muito pesado para um adolescente de 16 anos e todos os dias eu via sempre a mesma cena nas salas de audiência, corredores e secretarias.

Quando o responsável pelo pregão (quem chama as pessoas para a audiência) gritava o primeiro nome seguido dos sobrenomes "Silva, Santos, Oliveira, Lima, Pereira, Ferreira, Costa, Rodrigues, Almeida, Nascimento, Alves, Carvalho, Araujo, Ribeiro" etc... Vinha o homem negro, de cabeça baixa, algemado, com o uniforme do presídio, escoltado por dois policiais militares e de fronte a mãe aos prantos. A mesma *dona Maria* de sempre. Pele preta, roupa humilde, rosto abatido pela vida dura, cabelo crespo, trêmula, com uma bolsa cheia de remédios e geralmente acompanhada por outros parentes. O juiz, o promotor, o defensor público, o escrevente judicial, todos brancos. O preso sempre é tratado como um bicho (ainda que não tenha sido proferida a sentença final e confirmado o seu crime). O único que se parecia com ele naquele lugar era eu.

Passei três anos no Fórum vendo a mesma cena se repetir incontáveis vezes e quanto mais eu escutava Rap, mais eu colocava o óculos da sobriedade. O rap me fez enxergar esse abismo que nos assola diariamente.

Posso dizer que tenho vários mentores no Rap, mas tem um que no meu ponto de vista, é o exemplo a seguir quando o assunto é seguir o Hip Hop em sua essência e buscar o seu objetivo principal que é a revolução e emancipação do povo negro.

Você só está lendo esta obra literária porque um dia eu ouvi o som desse cara e passei a admirá-lo como um exemplo a seguir. Ele me mostrou que eu posso ser o que eu quiser, que o bem material não é nada a não ser material, que ter humildade é o elemento essencial para ser alguém verdadeiro, que a minha cor também pode almejar os cargos mais altos, que eu posso gravar o meu rap, ter a minha empresa, ter a minha grife, meu livro, fazendo tudo por conta própria, sem depender de ninguém. Me ensinou a acreditar mais em mim e me blindou contra o sistema. Muito desse livro, vai completamente de acordo com o livro dele.

Vou deixar que você adivinhe quem é...

CAPÍTULO 3

Religião para distorcer a história
não contada nos livros do MEC

O atracar das caravelas de Cabral no Brasil deixou um legado quando o assunto é oprimir o próximo que não é tão próximo assim. Não é de se esperar menos de quem trocou espelhos por esperanças que nem sequer tinham reflexos no primeiro olhar.

Antes de falar sobre o peso que é carregar a perversidade colonial em terras "descobertas" - vou colocar entre aspas porque seria um absurdo ainda maior da minha parte, fingir que não existiam centenas de tribos indígenas aqui - eu estaria os tornando invisíveis, bem da forma como as doenças européias e a pólvora, após o primeiro contato da engenharia mecânica dos mosquetões, os tornaram invisíveis durante o decorrer dos anos posteriores.

Mas a parte que eu acho mais interessante quando as caravelas embarcaram na *Terra de Santa Cruz*, um dos diversos nomes que os portugueses deram ao Brasil quando chegaram, é a primeira ação do povo Luso.

Fincaram uma cruz na terra.

Eles sabiam que o primeiro mandamento do epistemicídio que perdurará por milênios, é valer das correntes da religião para aprisionar pensamentos mediante o medo. Para manter um plano dito como uma promessa de Deus, era necessário começar a lavagem cerebral nos primeiros minutos.

A partir daquele momento, o português teve o direito de usar o nome do Deus dele para fazer o que quisesse com o seu próximo. Mesmo que na bíblia dele, no segundo mandamento, esteja escrito até hoje: "amarás o teu próximo como a ti mesmo" - *Levítico 19:18* e *Mateus 22:39*.

Se usarmos meio intelecto, já surgem perguntas do tipo:

Como alguém que ama o próximo invade terras, estupra e mata o seu irmão?

Como alguém que ama a Deus e ao próximo, faz isso com o indigena que já estava na terra que eles disseram ter descoberto? Inclusive, eles não foram recebidos pelos índios, com guerras, preconceito e ódio, foi por isso que voltaram à Europa e buscaram reforço militar para exterminar.

Como alguém temente a Deus, identifica que as doenças que ele trouxe da Europa, como gripes e outras doenças epidêmicas, eram efetivas para matar os índios que aqui estavam, e mediante o pensamento perverso burguês, fez questão de se relacionar, estuprar e espalhar as doenças para que os indígenas morressem em quantidades absurdas?

Como alguém que diz amar a Deus e ao seu irmão, é capaz de viajar para outro continente, sequestrar o próximo e o tratar como mercadoria durante 2 meses em um porão de um navio; com fome, doenças, estupros, torturas e todo o tipo de agressões físicas e psicológicas, que um ser humano pode sofrer?

O passado é um retrato tão nítido do presente, que

até hoje, eu os vejo falando a mesma coisa a respeito da bíblia e do que dizem ser Deus, mas agindo completamente diferente do que falam e do que Cristo fez.

Não precisa ser inteligente para lembrar do discurso dos ditos *"cidadãos de bem"* da atualidade. Os que são contra o aborto, porque segundo eles, é uma vida que somente Deus decide se vive ou não, mas são a favor do "bandido bom é bandido morto", porque o cara que roubou o *Iphone* deles, se parece comigo.

Embora o dito *"Cidadão de bem"*, quando tem a seringa virada para a sua bunda no mundo do crime, não titubeia para usar princípios constitucionais como o da ampla defesa (que *é um direito constitucional conferido ao acusado, para que o mesmo possa se defender, sem qualquer espécie de impedimento de seus direitos constitucionais*) e o Princípio da presunção de inocência (*garante que o réu seja considerado inocente até a última decisão. ... Ou seja, não receberam sentença penal condenatória; logo, ainda são considerados inocentes e podem provar que o são*).

Por que o cara que roubou o celular merece tomar um tiro na cabeça no meio da avenida, mas o Joesley Batista, que deu um prejuízo de aproximadamente 209 milhões de reais para os cofres públicos, usa seus direitos constitucionais e cumpre pena em sua mansão?

Quem causa mais estrago para o país? O ladrão de telefone ou o Ex Governador Sérgio Cabral e sua quadrilha, que juntos, desviaram mais de 4.1 bilhões de reais em obras no Rio de Janeiro?

Só para você ter uma ideia, segundo o Ministério da Educação, dos 145 bilhões que serão investidos em educação em 2022 no Brasil[3], um total de 4.7 bilhões serão utilizados, no que eles chamam de prioridades, sendo elas; ensino médio em tempo integral, universidades federais, educa mais Norte e Nordeste, institutos federais, etc.

O que quero te fazer refletir é que o Sérgio Cabral é apenas 1 dos que a justiça conseguiu pegar. Em um único estado brasileiro, ele e sua quadrilha desviaram juntos quase o montante total que o nosso país vai investir em "prioridades" na educação em um ano inteiro.

Em nenhum momento usaram o bordão: "bandido bom é bandido morto" com Cabral, sua esposa, que ele carinhosamente chamava de "Riqueza" e sua quadrilha. Ele segue respondendo seus mais de 15 processos, em uma cela reservada, com queijos e vinhos raros, cestas de chocolate e até TV de 50 polegadas. Ele tem um tratamento melhor do que trabalhadores que ganham um salário mínimo, que mal conseguem comer e se acham livres.

Como alguém que se diz Cristão, pode pedir a morte seletiva de bandidos? Por que alguns merecem morrer e outros usam os princípios constitucionais a seu favor?

A resposta está primeiro na cor da pele e depois no quanto essa pessoa tem no bolso para "perder" com a justiça. É preciso ficar claro que a justiça é apenas a política sendo feita de outra forma. Nada além disso.

Se tem política no meio, falta amor. Não se pode amar o povo sendo político, porque a política depende de apertos de mão e abraços que nada tem a ver com o amor . Se tem política no meio, falta Cristo, porque Cristo é amor. Foi isso que ele ensinou na bíblia.

Eu cresci em um lar Cristão, passei a infância e a adolescência na igreja e diferente da maioria das pessoas dentro da igreja, eu li a bíblia. Embora atualmente eu não tenha religião, eu vejo Jesus como um grande líder que passou pela terra. Ele era um ser humilde e inteligentíssimo que falava do amor do criador e do amor ao próximo.

Se Jesus estivesse em nossa época, ele não estaria em palanques gritando *"bandido bom é bandido morto"*, muito menos em cadeiras no plenário, usando ternos de 20 mil reais e desviando dinheiro de merenda escolar. Era muito mais fácil encontrar ele na *Rua Guaicurus* em BH, pregando o evangelho para prostitutas, ladrões de celular e viciados. Ele estaria pregando o amor nas cadeias, nas cracolândias, nas esquinas que pessoas transexuais vendem o corpo por não ter oportunidades de trabalho, no mundo preconceituoso regado a fingimento de amor ao próximo.

Ele estaria no continente africano, mas não comprando escravos para arrancar a pele deles com chicotes em outro continente. Cristo estaria em meio a miséria, a cólera, o HIV e o Ebola, dividindo a única refeição do dia com as pessoas, entregando suas sandálias para quem estivesse descalço e fazendo questão de lavar os pés de quem as iria calçar.

Se atualmente Cristo estivesse aqui, ele estaria ajudando a resolver o problema das pessoas. Baseado no que li na bíblia, e não no que dizia os pastores das inúmeras igrejas que frequentei, ele estaria dialogando com as ditas principais lideranças do mundo, buscando resolver o problema do próximo.

Em uma das minhas reflexões utópicas, livre das algemas da religião e usando o microscópio da sensatez, eu imagino Jesus chegando atualmente em uma reunião no Vaticano e fazendo a seguinte reflexão:

"Nos últimos 40 dias eu estive jejuando no continente africano. Passei por inúmeras cidades e povoados arrasados pela miséria e reparei algo em comum em todos esses lugares... Todo ser humano esquelético e de pele mais escura, assim como a minha, vive em povoados e periferias próximas de cidades que têm arquiteturas parecidas com as daqui".

Ele continuaria...

"O primeiro mandamento do meu pai nos diz para 'amar a Deus acima de todas as coisas'. O segundo mandamento nos diz 'ame o seu próximo como a ti mesmo'. Sei que no mundo atual, as pessoas precisam de dinheiro para trocar por alimentos e sei que a economia dos lugares assolados pela miséria anda de mal a pior. Eu fiz uma pesquisa no *Google* e vi que o patrimônio do Vaticano é algo entre 1 bilhão e 12 bilhões de Euros. Sei que são dados vazios, já que estas cifras estão muito bem divididas entre ações, reservas de ouro, bens imobiliários e dinheiro vivo. Além é claro das inúmeras relíquias roubadas, que só valorizaram com o passar do tempo; resultado das ditas Cruzadas, que mentirosa e irresponsavelmente, vocês usaram em meu nome nos séculos XI a XIII. Vi também alguns estudos que diziam que era possível acabar com a miséria do mundo, com algo perto de 10 bilhões"

Jesus viria com reflexões do tipo...

"Imagina a riqueza inestimável que é a
Basílica de São Pedro e a Capela Sistina?

E parábolas do tipo...

"Os principais ingredientes que são a liga do
concreto econômico do Vaticano, derivam de saques
sem devolução a outras culturas, epistemicídio
sem reparação histórica e celibatário".

Cristo terminaria com a seguinte frase:

"Baseados no segundo mandamento do meu pai,
ou seja, amar o próximo como a ti mesmo, vocês acham
que estão amando os irmãos no continente africano? Ele
apontaria para os evangélicos e faria a mesma pergunta.

Usar a imaginação com utopias desse tipo, te faz refletir

melhor sobre qual é o papel da igreja e também, o que o ser humano faz ou onde ele passa esse papel, após fazer suas merdas.

Fincaram uma cruz e fizeram uma missa, na terra onde a cana-de-açúcar seria o combustível da estrutura racista, que mesmo mais de cem anos após sua abolição ficcional, geraria o trauma de refletir túmulos nos olhos de quem sente o drama na pele, quando vê um carro da polícia.

Fincaram uma cruz e pregaram o evangelho, que com o aval do Papa da época, que considerou nós negros "sem alma" e enfiou na cabeça das pessoas, que o negro precisava trabalhar como escravo para salvar a alma suja dos nossos ancestrais.

Usaram do mesmo sentimento mesquinho e fascista, que geraram os gêmeos "inquisição" e "cruzadas" nos tempos antigos, com cavaleiros templários e padres guerreiros matando em nome de Cristo.

Rezaram a primeira missa na terra roubada, que por sinal, deve ter surtido o mesmo efeito que o da oração do PM, agradecendo a Deus pela comida na mesa, muita saúde e fartura, mesmo sabendo que o dinheiro veio da propina amaldiçoada que ele buscou na boca de fumo do meu bairro.

O que aconteceu depois da primeira missa na terra nova, é o que Paulo fez sozinho após a crucificação de Cristo, sem matar, roubar ou estuprar ninguém, ou seja, a disseminação do evangelho. O que eu nunca consegui entender foi os planos de Deus em deixar que fosse dessa forma, já que ele é quem decide o futuro do mundo.

Até que um belo dia, eu parei para pensar no óbvio e entendi que religião nada tem a ver com o amor, logo o que está na bíblia, nada mais é do que a manifestação egoísta do homem, e quando eu digo homem, eu estou dizendo o sexo masculino mesmo. Ou você acha que a bíblia não é uma manifestação machista? Basta perguntar quantas mulheres escreveram pelo menos 1 dos 66 livros que estão lá e perceber que o resultado é igual a 0.

Posso estar parecendo ignorante, mas o negócio é bem mais profundo do que o que o pastor ou padre da sua igreja disse nas pregações. É preciso se desprender de toda crença limitante que nos enfiaram na cabeça desde criança, para enxergar as entrelinhas e nuances do mundo real.

Embora eu tenha falado um pouco sobre religião neste capítulo, eu separei um outro mais à frente que fala especificamente disso. Lá eu vou te mostrar o poder que a religião tem em nossa sociedade e o quanto isso é parte de uma das engrenagens do sistema.

Dessa forma, vou me ater a simples introdução que fiz, já que o objetivo central era mostrar o quanto a religião está impregnada no roubo do Brasil. As consequências do falso descobrimento vão se desenrolar à medida que você foliar as próximas páginas.

Fui atrás da história não contada e fortaleci as minhas raízes.

Quando eu falo: "A história do Brasil que não conta nos livros do MEC", eu estou falando no quesito revolucionário por parte dos escravizados, a resistência, a forma como foi pensada e onde os escravos conseguiram atacar de forma mais efetiva, ou seja, no bolso do colonizador.

Várias batalhas foram travadas e muitas vidas negras foram e até hoje são perdidas, mas como disse Mestre Alípio no filme que conta a história do capoeirista *Manuel Henrique Pereira*, o *Besouro*:

"Besouro, quando o herói morre, não acaba. Na verdade, está apenas

começando".

Frases como esta me fizeram pensar muito em escrever meus raps e livros como este. Eu tomei como propósito na minha vida, me integrar ao ativismo negro, inclusive, no momento que estou escrevendo esse parágrafo, ouvindo *Jamaica de Bobby Caldwell,* vários questionamentos perturbam a minha cabeça e as minhas noites de sono.

Sensação de impotência e medo. Sim, eu conheço o sistema contra quem estou travando uma guerra. Pessoas como eu, que expõem os tentáculos sórdidos do *Kraken* Estatal, denunciam o racismo e o privilégio branco, em sua maioria, são presos como terroristas ou mortos a tiro. Ou os dois.

Sei que o que me espera pela frente é muito perigoso e governado pelo pior tipo de ser humano que pode existir. O privilegiado que tá pouco se fodendo para o próximo e pensa apenas nas benesses da vida para ele e sua família. É o clássico Neoliberal a nível federal e, Socialista, Comunista, Cristão e Cidadão de bem, na esfera familiar.

Sei que as críticas racistas já estão na ponta da língua dos ditos "cidadãos de bem", que tem respaldo do governo que vivemos atualmente. Como um veneno destilado, aparecem as ditas "críticas construtivas", tipo a clássica, "vocês negros precisam escutar o outro lado também", que vem sempre carregada de teor racista assimétrico e oculto. São essas que ganham o apoio do negro que ainda não entendeu, que está sendo massacrado em um Brasil racista e odioso.

Não temos que escutar ninguém. Precisamos que nos escutem. São mais de 500 anos só escutando o branco. É hora de inclinarem os ouvidos para os negros para escutarem o que sentimos na pele, em um país que é construído apenas para o formato colonial, mesmo o negro sendo maioria.

Quando um negro não se levanta e questiona, ele está deixando de cumprir o dever dele em cobrar a mudança, e pior ainda, não está ensinando o exemplo para as próximas gerações.

Não podemos esperar que apareçam mais Malcolm, Martin, Angela Davis, Nipsey Hussle, Marielle, Zumbi dos Palmares, Mano Brown, GOG e etc... Precisamos ser a mudança que buscamos no mundo. Precisamos parar de colocar no posto de Super Herói, pessoas como Martin Luther King, por exemplo. Não para os diminuir, e sim para crescer e duplicar o legado que eles iniciaram, afinal, o conhecimento de Mestre Alípio citado anteriormente é válido em qualquer esfera (quem morre pela causa, apenas está iniciando a mudança).

Colocar um ícone negro como super herói, nos passa a falsa impressão de que somente um extraterrestre consegue fazer algo revolucionário. E isso consequentemente acaba desvirtuando a ideia central, de que o feito foi conquistado pelo coletivo negro unido, e não por uma única pessoa, que por sinal, é sempre representado por uma figura do sexo masculino.

As mulheres negras tiveram um papel fundamental no movimento dos Direitos Civis dos EUA. Um dos combustíveis mais inflamáveis foi *Rosa Parks*, presa por não aceitar se levantar e dar o seu lugar no ônibus para um branco se sentar. Mesmo assim, você vai ver somente a cara de King como referência nos Direitos Civis americano.

No Sul dos Estados Unidos, os negros só podiam viajar no fundo dos ônibus. Era uma lei e se você não cumprisse, você seria preso. Se olharmos atualmente, é um absurdo uma lei obrigar uma pessoa a viajar no fundo do ônibus só porque ela tem a pele escura. Por isso é preciso questionar as leis. O fato de ser uma lei, não significa que eticamente ou moralmente esteja correta. *Rosa Parks* questionou a lei e foi presa. Eu imagino os guardas prendendo uma centelha de brasa e a levando até um armazém de madeira, cheio de feno. Ao pensarem: "estamos livres dessa crioula baderneira", sentiram apenas o cheiro da fumaça, ainda não faziam ideia do incêndio que viria.

Outro fator muito importante é que quando o movimento do boicote aos ônibus em *Montgomery,* liderado por King se iniciou, 90% das mulheres dos bairros negros, trabalhavam como domésticas na casa dos brancos. O simples fato das empregadas não utilizarem os ônibus, foi primordial para o boicote.

Li a biografia de King. Sua humildade transparece no que ele escrevia. É notável que ele não fazia questão de ser a "cara" do movimento. Ele agia conforme os preceitos de Cristo, fundados no amor ao próximo. Ele sabia e fazia questão de deixar claro que o movimento era feito por todos os negros, homens e mulheres, jovens e até crianças. Mas o sistema é cruel. Quando pessoas como Martin morrem assassinadas pelo próprio sistema, em benefício do próprio sistema, eles o colocam como Mártir, cegando o negro que tem a revolução pulsante no sangue, mas acha que é preciso ser um Martin Luther King para querer fazer a mudança.

A única função da oligarquia branca é diminuir o negro e o pobre a pó, a ponto de você negro que está lendo este livro, não se imaginar sendo parte da revolução. Eles nos pegam no berço e nos ensinam a ser servis e nos diminuir quando o assunto é se comparar a eles. Eles nos ensinam que herói e heroína é Pedro Álvares Cabral e a Princesa Isabel (que tem o "lindo" papel de cidadã de bem nos livros do MEC). Não nos ensinam que herói e heroína é Zumbi dos Palmares, Maria Felipa, Luiza Mahin, João Cândido, Besouro, etc...

Os livros sempre nos ensinam com uma ótica branca (como qualquer outra coisa que é feita no Brasil e no mundo onde eles colonizaram). Eles nos mostram que o país é branco, mesmo sabendo que no Brasil, temos 54% da população negra e parda. O sistema através da sua deseducação não nos ensina a ser seres pensantes, questionadores e criativos. Ele nos ensina a replicar coisas que os brancos inventaram e colocaram como verdades únicas e absolutas no mundo, não nos dando sequer a oportunidade de questionar os ideais cimentados. O clássico exemplo disso é a própria religião que foi a introdução deste capítulo.

Não podemos nos contentar com a cela do presídio, não podemos nos contentar com o subemprego que foi "inventado" somente para negro. A gente ainda aceita o plano de higienização da máquina sórdida Estatal e da Oligarquia branca do mundo, porque nunca entramos nos comitês com granadas nas mãos.

Por mais que o crime organizado seja um crime, eu ainda vejo como oportunidade de dar "voz aos corpos sem voz". O *PCC* por exemplo, mostrou através de organização e vontade própria, que temos força para paralisar o Estado. Eu sei que você deve estar me comparando com um *Serial Killer*, assassino de crianças, quando eu falo que o crime mostrou que temos força para paralisar a máquina de moer carne preta e pobre, mas por trás do meu argumento, tem um fundamento.

Se pararmos para pensar, o famoso "Salve Geral" em maio de 2006, onde a onda de atentados contra agentes de segurança pública assolou o país, juntamente com a tonelada de presídios rebelados de forma sequenciada, mostra o poder e organização do crime no Brasil. Sabe-se que o governo de São Paulo, mediante advogado e comandante da polícia militar, sentou à mesa do sistema com Marcola e outros líderes do *PCC* e negociou uma "trégua", que resultou em "paz" no país na noite seguinte à reunião.

O que quero mostrar com o fato ocorrido em 2006 é que nós como pobres, podemos nos unir contra o sistema e paralisar a máquina (tudo bem que a forma como o PCC faz é inconstitucional, mediante a lei), mas se pararmos para pensar, qual moral que o Estado tem para cobrar que cumpra-se a lei, se nem ele mesmo cumpre quando o assunto são os direitos constitucionais do povo? Outro ponto também é que não se pode fazer revolução, apertando a mão do opressor. Não existe revolução negociada.

E também parto do princípio de que quem mais fala de lei, sempre está por trás de algo errado. Eu nem preciso te dizer que o próprio *PCC*, só funciona porque por trás das cortinas do crime, estão os políticos, delegados, coronéis, juízes, desembargadores, advogados, pastores e padres, e todo o tipo de funcionários públicos que você possa imaginar. O Primeiro Comando da Capital tem atualmente mais de 30 mil membros e pode ter certeza que tem muita gente grande envolvida nesse cenário.

Eu realmente queria ver uma mobilização para parar o Brasil, como o PCC fez, porém buscando uma solução para a Educação. Ela é a base de tudo. Não adianta colocar o exército nas favelas e muito menos UPPs, se não colocar um ensino de qualidade, com professores que recebem salários dignos e uma escola com uma didática que nos ensine a pensar, a refletir, a questionar e sermos criativos. Já vimos que marcar X em provas em busca de pontos, nada tem a ver com aprendizado para a vida. Na escola o aluno decora a raiz de Delta, que por sinal, ele nunca vai usar para fazer uma compra em um supermercado, mas não aprende a trocar a bucha da torneira.

É fácil entender que eles não querem que o país melhore, quando o governo tem dinheiro para promover a guerra contra as drogas, mas não tem para promover a guerra contra a analfabetização. Fica fácil enxergar mais de perto quando olhamos pelo binóculo, usando as lentes da crítica e da reflexão. Assim conseguimos ver que a falta de carteiras, material adequado, portas e por fim, a interdição da escola que eu estudei na minha infância, nada tem a ver com queda da economia no país ou qualquer outra coisa. É exclusivamente um plano do sistema. É preciso ter pessoas que não conseguem refletir e tomar decisões baseadas em raciocínio lógico. Dessa forma o sistema ganha com lavagem cerebral, dominação, apagamento de cultura e religião, manobra de massa e voto.

O assunto educação/informação foi o ponto chave que me fez entender ainda na infância, como eu poderia sobreviver como negro periférico, em um país que mata pessoas com esse perfil a cada 23 minutos. Me informar foi o que me fez entender o mecanismo que extermina a nossa gente diariamente, ao longo de centenas de anos.

Passei a não engolir qualquer groselha que diziam na televisão, comecei a enxergar os bastidores de cada situação. Cada anúncio na TV, cada reportagem no jornal expondo o favelado como o mal do país, cada programa de TV, feito de branco para branco, enaltecendo a cultura colonialista e diminuindo qualquer que seja, outras culturas.

Fui atrás das entrelinhas, sempre fazendo um paralelo entre o mundo atual e o país no qual vivemos hoje. Fui entender porquê fomos "libertos" em 1888, busquei me informar melhor sobre a escravidão e o mais importante, busquei a escravidão e a história do Brasil, pela ótica preta, pelo outro lado da moeda, pelo lado onde a corda sempre arrebenta.

Os livros do MEC contam uma história eurocêntrica e colocam como heróis, o povo que oprimiu. Isso me fez desenvolver um ódio muito grande pela forma como a educação do país "embranquece" negros, e ainda pior, nos faz ter ódio da nossa cor, como se fosse uma doença que precisa ser tratada desde a infância e extirpada de nossa epiderme de uma vez por todas.

Descobri que o objetivo da escola pública era me emburrecer e fazer de mim um andróide de carne e osso, para consumir tudo o que a televisão fosse me enfiar goela abaixo, tudo que o marketing agressivo, materialista e separatista fosse me oferecer como prova de ascensão social e tudo que o político no palanque fosse me prometer como *"cidadão de bem"*. Eu resolvi apenas passar nas provas da escola para me livrar de uma vez por todas do martírio. Resolvi buscar de outras formas e em outras fontes, algo que me fizesse ser reflexivo, questionador, criativo e produtivo.

Desde adolescente eu já sabia que ganhar dinheiro e estudar em faculdades, nada tinha a ver uma coisa com a outra, embora eu tenha caído na besteira de iniciar um curso de Direito em 2006 (não me julgue por enxergar a faculdade de Direito como uma grande hipocrisia. Juro que todo mundo que faz esse curso e eu pergunto se essa pessoa acredita que existe justiça, ela pensa um pouco e em 100% das vezes, concorda comigo que Justiça é apenas uma palavra bonita).

Eu já me informava com tudo à minha volta, embora eu seja um falastrão extrovertido, sou extremamente observador e crítico. Eu sempre soube diferenciar informação, de estudar para passar em provas. Passar em provas não é o mesmo que ser inteligente, embora a escola nos mostra o contrário desde o primeiro dia em que pisamos seus pátios. Buscar se informar é muito mais importante do que passar em provas.

Outro ponto ainda mais importante é saber que a informação está em todo lugar. Eu percebi que o RAP tinha muita informação para passar e embora ouvisse desde moleque, eu não parava para refletir no que a letra dizia. Foi lá pelos meus 15 anos que comecei a prestar mais atenção e refletir nas letras de grupos como *Facção Central, A286, Racionais, Realidade Cruel, Consciência X Atual, SNJ* e vários outros.

Eu ouvia rap o dia inteiro no som de casa, se minha mãe estivesse trabalhando nos finais de semana (porque ela achava que era música violenta), se ela estivesse em casa, eu ouvia no meu *discman,* que por sinal, me salvava na ida e volta do trampo. Nessa época, no nosso horário de almoço lá no Fórum, juntava um monte de *Assprom,* na Rua Ouro Preto, cantando de cabo a rabo letras decoradas de 9 minutos, aguardando a "de fora", em meio aos gritos do "truco" que rolava no meio fio.

Eu passei a enxergar a essência do movimento Hip Hop, pelas letras de moradores de periferias, assim como eu, que cantavam exatamente o que acontecia ao meu redor, na minha quebrada e na minha vida. Me fez enxergar como o racismo age no Brasil, como o branco é privilegiado em relação ao negro, como as mulheres são massacradas com o machismo (que inclusive ainda é enorme dentro do próprio movimento Hip Hop), como o abastado massacra a favela para viver bem em seu condomínio, como o político nos rouba e aponta como problema do Brasil, um cara que tem as minhas características e nem sequer tem RG.

A ideia de que você precisa estar sempre se informando, sempre buscando mais, me apareceu nas palavras de alguns membros do movimento. Me lembro de uma frase, dita em uma entrevista pelo *Eduardo Taddeo*, ex-integrante do grupo *Facção Central*. O repórter tinha pedido a ele para deixar uma mensagem para a periferia e ele foi enfático ao dizer:

"tenha compulsão por livros, pela leitura e pelo conhecimento".

Passei a acreditar nas palavras de caras assim. Percebi que um negro morador de periferia, precisa de conhecimento tanto quanto precisa de oxigênio. Meus exemplos na adolescência, foram homens e mulheres cantando rimas em cima de *beats*, falando palavrões e gírias que muita gente não faz ideia do significado, às vezes contando uma história tão cheia de detalhes, que faria *Dostoiévski* se revirar no túmulo de inveja.

Vi muitos *rappers* contar a história do Brasil em apenas 16 linhas. Ouvi hinos que até hoje, sempre que tocam, todas as pessoas que se parecem comigo, com a minha irmã e meus amigos, sabem cantar a letra do início ao fim, sem errar nenhuma palavra. E mais do que isso, você consegue ver o brilho nos olhos de quem canta, o orgulho e o sentimento de pertencimento a algo, a uma causa, a um propósito maior.

Se tocar *Negro Drama* do *Racionais* por exemplo, quando chega na parte do *Mano Brown*, até os playboys brancos que trabalharam comigo na *We Work* sabem cantar, sem errar.

...“Seu filho quer ser preto! Rhá, que ironia”...

Brown foi cirúrgico nessa letra. Não que o *Edi Rock* não tenha ido bem, mas o Brown detalhou a: "Família brasileira, dois contra o mundo, mãe solteira de um promissor vagabundo”, com tanta riqueza de detalhes, que ficou impossível um preto não se ver representado na música. Foi assim que eu sempre me senti representado. Sempre senti que aquelas palavras proferidas por um periférico igual a mim, eram realmente voltadas para mim.

Comecei a me informar de forma “pirata”, ou seja, fugindo do que os livros do MEC ensinaram como verdade única e absoluta. Comecei a procurar a verdade sobre os acontecimentos do passado, ainda mais quando se falava de escravidão. Eu queria enxergar pela ótica de quem “perdeu a batalha”, embora não tenha perdido a guerra.

Passei a me sentir mais orgulhoso de mim e da minha cor, da nossa história e do quão forte e resiliente o nosso povo é.

Começou a surgir em mim a chama do sentimento de revolta e a necessidade de passar esse sentimento adiante. O sentimento passou a ser algo tão forte e pulsante em mim, que me vi no dever de compartilhar todo esse conhecimento, não só mediante o livro que está em suas mãos agora, mas também nas letras de rap que causam o mesmo sentimento e o dever que senti no passado, ou seja, passar adiante a informação e buscar sempre contar a verdade da nossa ótica.

A busca ávida por informação me destacou intelectualmente, não somente dos meus amigos de bairro, mas também no mercado profissional em geral. Embora fosse pouca a idade, era uma visão madura, inteligente e reflexiva. Passei a ser valorizado e ouvido em meus discursos, sejam eles qual for.

A informação quando utilizada da forma correta faz a diferença em nossas vidas e quando você é alguém instruído, as pessoas te respeitam e admiram. Elas querem fazer o que você faz ou concordar com o que você diz.

Os anos foram passando, eu fui me informando ainda mais e me tornando um negro com orgulho de ser negro. Sim, eu sou daqueles que se pudesse voltar no tempo antes mesmo de nascer e Deus desse a oportunidade de escolher vir branco ou negro, eu escolheria vir negro novamente, sem sombra de dúvidas. Mas isso só aconteceu comigo porque eu passei pelo processo de "tornar-se negro", que a psiquiatra, psicanalista e escritora brasileira, *Neusa Santos* descreveu com maestria em seu livro de 1983. Ser negro é diferente de tornar-se negro. O primeiro caso é apenas uma pessoa de pele preta que está sendo esmagada pelo sistema colonial e sequer faz ideia de que isso está acontecendo. O segundo caso é um pessoa de pele preta, que na busca incessante por suas raízes, entendeu que descendemos de Reis e Rainhas.

A combinação de busca incessante por informação e orgulho negro, só poderia resultar em uma única coisa. A necessidade e o dever de tentar explicar da forma mais simples possível, a podridão de como esse sistema funciona.

Me senti na obrigação de abrir os olhos dos negros que vieram depois de mim e também dos mais velhos do que eu, que por falta de informação, ainda não despertaram e "vivem uma vida em branco" (ele acha que é moreno, coitado). Eu precisava falar e, não só isso, precisava mostrar mediante dados, que a história que nos contaram, é mentirosa e sórdida.

No ultrassom da gravidez do capitalismo porco, é possível enxergar os gêmeos; racismo e desigualdade social, dividindo a mesma placenta. São gêmeos univitelinos, que usam o cordão umbilical econômico para se alimentarem da mesma proteína (o sangue do negro e do pobre).

A informação liberta e amplia a nossa capacidade de lidar com a vida. Mas ao mesmo tempo, te faz enxergar demais. Enxergar demais dói.

Conseguir entender que a polícia é feita para proteger e servir branco rico e espancar, humilhar e matar preto e pobre, é doloroso. Saber que o político não trabalha por uma educação pública de qualidade, porque da mesma forma que 2 + 2 = 4, o pobre bem informado ia se rebelar, me revira o estômago. Enxergar a UFMG com mais estudantes privilegiados por ter estudado em escola particular (você já sabe a cor da maioria), num país que tem a metade da população negra, me arde os olhos como se eu estivesse soldando ferro sem óculos de proteção para solda. O mesmo ardor acontece quando eu olho para a população carcerária e vejo que quase 64% é negra e parda, de acordo com o DEPEN (Departamento Penitenciário Nacional)[4]. A esmagadora maioria de quem está atrás das grades, são pessoas que no máximo conseguiram concluir o ensino médio (isso é um indicador de baixa renda).

Olhar para o mosaico de tijolo à mostra, também conhecido como favela ou "comunidade", esse último, quando o objetivo é *gourmetizar* o palco do teatro macabro, que também é composto por sua maioria de negros e pardos. 75% de uma favela é preto e pardo. Isso só consegue me provar que aquele povo que foi jogado a míngua a partir de 1888, teve que se virar e se ajustar nos diversos morros que rodeiam as grandes cidades do país. Tudo aquilo que antes foi abandonado, após a exploração massiva, se verticalizou através de tapumes, resto de cama e madeirite. Ergueu-se o império dos horrores.

Enxergar dói...

Fico assombrado quando vejo um pastor charlatão pregando, (estou falando de *Valdomiros, Malafaias, R.R. Soares* e CIA LTDA) e as pessoas dando tudo o que tem e até o que não tem, em nome de um Deus que sem sombra de dúvidas, não é nem um pouco materialista igual o que esses lixos vendem. Ao mesmo tempo, consigo entender que quem entrega tudo nas mãos do pastor, apenas não se informou, não saiu da bolha e ficou preso ao que as pessoas falaram para eles como verdade absoluta.

A maioria das pessoas seguem uma bíblia que sequer leram. Poucas são as pessoas que leram e interpretaram a bíblia. Existem ainda umas que leram, e usam das interpretações mais esdrúxulas para benefício próprio. Seja para arrecadar dízimos e ofertas de pobres, que pensam que enfim vai existir um paraíso, onde poderão ter uma vida digna, seja para molestar crianças e adolescentes, com o consentimento dos pais, os convencendo que aquilo é a vontade de Deus.

Já parou para pensar no perigo disso tudo?

Se somos seres completamente subjetivos, ou seja, somos únicos, como alguém que leu algo, que interpretou baseado no achismo e nas bolhas em que viveu, vai me ensinar o caminho de ir para o paraíso e eu vou seguir seus conhecimentos cegamente?

Entendeu porque enxergar dói?

Sempre que eu flutuar pelo assunto religião neste livro, peço humildemente para que abra a sua mente, apenas para refletir nos pontos. Tenho certeza que você vai mudar um pouco a forma como os homens venderam Deus pra você. Isso não é um pedido para que você se converta ao ateísmo. Vejo Deus infinitamente maior do que qualquer religião já tentou descrever. As religiões apenas tentam explicar, mas todas elas são limitadas.

Enfim, por mais que ser informado às vezes dói, é

preferível buscar o conhecimento do que ser apenas um androidde de carne e osso que replica histórias. Por isso, busquei me informar e te convido a fazer o mesmo. Não pense que os livros do MEC vão contar a resistente história preta, baseados na nossa perspectiva. Cabe a cada um de nós fazer isso.

CAPÍTULO 4

O abismo social pisca em neon

"O abismo social pisca em neon e em Interlagos pobre vê o Rubinho do telhado e a elite do alambrado" - Eduardo Taddeo - Facção Central

Começar este capítulo com um trecho da música "Sonhos que eu não quero ter", do grupo Facção Central, é simplesmente escancarar e resumir o capítulo completo somente com uma frase de impacto. No Copywriting (escrita persuasiva), chamamos de "Big Idea" (grande ideia).

Como sempre, Edu foi cirúrgico e injetou em mim um ódio contra o opressor. Me fez enxergar em suas letras o quão podre o sistema é e escancarou o abismo social.

Eu nunca mais consegui ver as coisas como eu via antes, ou seja, quando eu abri os olhos e vi o abismo social, ficou impossível fechar novamente. É medonho e sutil e, embora seja incolor, não é indolor.

Mas eu não vou conseguir te mostrar o abismo social agora. Antes disso eu preciso apenas fazer uma introdução voltando um pouco ao passado, para depois desenharmos o cenário atual.

Antes de mais nada, eu decidi falar dos problemas sociais do Brasil e não do mundo, mesmo sabendo que em vários momentos vou usar exemplos fora do país também, quando o objetivo é fazer comparações ou levar você a raciocinar por outra ótica.

A pobreza existe em todo o mundo, porém, nos chamados "países em desenvolvimento", do qual o Brasil também faz parte, este problema é muito maior. Falamos de desigualdade social a um nível surpreendente para um país tropical.

O conceito de desigualdade social é como um polvo com vários tentáculos, que compreende diversos tipos de desigualdade, sejam eles; desigualdade de resultados, oportunidades, desigualdade de gênero, de renda, de escolaridade, de privilégios, etc... De forma geral, a desigualdade econômica é a mais conhecida e mais utilizada para gerar dados e comparações.

O Brasil está entre os 10 países mais desiguais do mundo, de acordo com o IBGE[5]. Para se ter noção, o Brasil ocupa o segundo lugar, entre os 180 países com maior concentração de renda, em que o 1% de pessoas ricas detém 28,3% do total da renda do país. Um número muito acima da média internacional, ficando à frente até mesmo dos países Árabes com seus *Shakes*.

Recentemente eu vi uma notícia no site da *Folha/uol*, falando que 705 mil homens brancos têm renda maior que a de todas as 33 milhões de mulheres negras do Brasil[6]. Um absurdo que tem uma explicação muito simples. Capitanias hereditárias, realmente são hereditárias e, o epistemicídio também.

Vários pesquisadores que estudam a desigualdade social do Brasil, atribuem a persistente máquina moedora de preto e pobre, ao Brasil Colônia, pré 1930. Sem dúvida nenhuma faz muito sentido, já que as capitanias hereditárias, posse de terras e outras formas voltadas ao latifúndio, foram passando de mão em mão, ou seja, de avô para pai, de pai para filho, de filho para neto, de neto para bisneto e assim por diante. Outro fator extremamente importante, que mantém os números do Brasil acima da média, é a escravidão. O povo preto que não foi ressarcido por todos os anos trabalhados e quando foi "liberto", foi largado às traças, sem lugar pra morar, sem educação de qualidade, sem oportunidade de trabalho, saúde ou básico para sobreviver. O meu povo se amontoou em favelas, nas periferias, longe do centro das cidades, na margem da margem.

Se você parar para raciocinar, a única maneira de ser rico e se manter rico é a posse de terras. É a única coisa que se mantém aqui quando você parte dessa para melhor. Para se ter uma noção, quando entendi isso, fiquei perplexo, já que a minha família, só foi ter casa própria na minha geração. Ou seja, quem descende de escravizados, só no quesito moradia, está atrasado mais de 100 anos. Eu nem estou falando no quesito educacional, cultural, nutricional, saúde e principalmente, no econômico.

O abismo social pisca em neon e as pessoas fingem não ver. Ele não é velado. Basta olhar para os bairros abastados e as comunidades. Basta olhar no farol quem está com as bolinhas fazendo malabares, olhar as pessoas deitadas nas calçadas dos centros das cidades do país. Não precisa ser inteligente para conseguir enxergar que sempre que você olhar para um morador de rua, em 90% das vezes ele é preto ou pardo. Sempre que você estiver em um barzinho ou em um restaurante, vai passar alguém com amendoim na brasa, balas, chicletes, cigarros, etc ... Eles estão sempre rodando por aí, pelos bairros de boy, tentando fazer uma grana e sendo ignorados como se usassem uma capa da invisibilidade. Em sua grande maioria são negros e negras das periferias. Algumas mães com crianças nos braços.

O Futebol Americano me fez caminhar entre os *playboys*

de Belo Horizonte. Foi onde eu mais tive contato com gente branca e de vida boa em toda minha vida. É até um fato interessante isso, porque eu confesso que vi poucos *"playboy cuzão"* nos times de futebol americano que joguei. Acho que também o fato de estarmos dentro de campo dando o joelho pelo seu irmão do lado, faz com que esqueçam cor, cabelo, classe social, etc...

No futebol americano fiz amigos que moram na *Pampulha, Savassi, Sion, Belvedere, Mangabeiras, Buritis*, nos condomínios fechados de *Nova Lima*, no *Alphaville*, etc. É impressionante o quanto o mundo deles é diferente do nosso. A vida deles é fácil demais, na moral. Entrei em casas que tinham portas de uns quatro metros de altura, com chaminé, 3 sofás daqueles de 3 lugares em uma sala gigante. E somente 3 pessoas moravam na casa.

Irônico pensar que vi amigo meu de infância morando em um cômodo com mais 6 pessoas. Só de pensar que a nossa casa quase caía na cabeça da minha família, quando o cuzão do meu pai não tinha sumido ainda, ou seja, antes dos meus 10 anos de idade, me deixa atordoado. Me lembro quando o meu pai foi embora e a minha mãe fez o papel de pai e mãe, sozinha. Reformou a casa toda, colocou laje, rebocou, colocou telha para não chover na nossa cabeça igual sempre acontecia. Tudo isso sem receber pensão e muito menos amor pelo lado do meu pai.

Aí eu olhava para a casa dos meus amigos de time, a vida dos caras, a forma como eles acabavam de fazer 18 anos e já ganhavam carro e carteira de motorista, a empregada sempre da minha cor, os caras apenas estudavam e jogavam videogame, mais nada. Tinha uns que nem estudava.

As disparidades de condição financeira são absurdas. Alguns rolês que fui com eles, muitas vezes me dava nojo. Eu sempre era um dos poucos negros do rolê, juntamente com alguns barmans e seguranças. E quem é negro sabe que ir no *Chalezinho* aqui em BH, é ir no famoso rolê *"héterotop"*, ou seja, rolê de *playboy*, branco, hétero e sertanejo universitário. Com direito aos olhares que dizem indiscretamente "o que você tá fazendo aqui crioulo"? Que preguiça!

Ainda bem que com o passar dos anos juntos, consegui me aproximar mais da galera que conseguia enxergar as assimetrias ocultas do sistema e eu sempre fui muito bom em expor isso em meio as pessoas. Quando eu ia na casa dos meus amigos, eu era o primeiro a cumprimentar a empregada e puxar um assunto com ela. Sempre gostei de fazer isso, porque eles ficavam sem graça e entendiam que aquilo em frente a eles era um ser humano e não um móvel. Aquilo que o próprio dono da casa finge não existir, tem nome, família e história. E eu sempre fazia questão de ser o primeiro a cumprimentar e puxar assunto, porque eles ao me ver fazendo isso, se alertavam e passavam a fazer também. Isso foi muito interessante porque passou a virar uma rotina pra eles também. Eles passaram a cumprimentar. Aprenderam o básico das relações humanas sem segundas intenções, apenas com o meu exemplo.

Eles sempre disseram que eu sou uma pessoa *"famosinha"*, mas nunca conseguiram entender que o que sempre me fez ser assim, é exatamente a forma como trato as pessoas. Não trato ninguém com indiferença. Sempre pensei que se você trata um Diretor de empresa que pode te dar um emprego no *Google*, da forma diferente de como você trata um mendigo, o problema está em você. É o mesmo que ver fotos nas redes sociais, das patricinhas beijando a boca do cachorro (lembrando que todo cachorro lambe o próprio pau, sempre cheio de secreção). Tipo, ela tem coragem de beijar a boca de um cachorro, mas não tem coragem de dar um abraço verdadeiro em um morador de rua. Se você beija a boca do cachorro que lambe o próprio pau com pus, mas tem nojo de dar um abraço em um morador de rua, você morreu em vida.

A sociedade se preocupa com bem estar de cachorro, não

que não seja importante, mas somos seres humanos. Precisamos nos preocupar uns com os outros de forma verdadeira e não somente quando há segundas intenções.

Voltando a ideia dos rolês com os meus amigos de time. Com o passar do tempo, eu comecei a mostrar o outro lado da moeda para eles. Levei eles nos rolês de rap aqui em BH, nos sambas e pagodes da Zona Norte, etc... Eles começaram a conhecer o lado de cá. Eles não conheciam nada fora do cinturão da *Avenida do Contorno.*

Posso dizer com convicção que eu sou o responsável por mostrar pra eles o abismo social, que eles sempre taparam os olhos. Eu sempre sou o que toca o dedo na ferida. Sempre em algumas situações, eu mostro o outro lado da moeda. Em várias vezes que falamos sobre política, eu mostrava um ponto de vista do lado fraco que sabe que está sendo prejudicado.

Mostrar o outro lado da moeda para eles passou a ser uma rotina. Não só para eles, mas também para outras pessoas que precisam de uma dose de verdade na vida e raciocínio lógico. Gosto de utilizar os dados, números e estatísticas para reforçar o meu argumento.

Antigamente eu via o abismo social e sempre guardei pra mim. Sempre pensei também em não ser o *"chato do bagulho"* e ficar tocando sempre nesse assunto. Daí que me surgiu a ideia de mostrar o exemplo. O caso das empregadas foi só o início. Ensinei eles a cumprimentar os seguranças, barmans e faxineiros dos rolês, que por sinal, passaram a ser em lugares mais alternativos e de inclusão.

Alguns dos meus amigos de time começaram a ouvir as minhas músicas e entender a revolta de quem tá do lado fraco da corda, mas sabe que está sendo dizimado aos poucos e precisa gritar para o mundo para se defender.

Na música "Sente-se à mesa do sistema", do meu primeiro EP, que foi o isqueiro para acender o pavio desse livro, eu escancarei muito bem o colarinho branco. Inclusive, sem lados políticos. Ataquei a esquerda caviar do Brasil nesse som. Se pensarmos que o rap vem de um pensamento revolucionário contra o sistema e na teoria, pende mais para o lado social do que o capital, é muito bom e ousado não ter lado político e atacar o sistema de todas as formas.

Por incrível que pareça, por mais que eu tenha inclinação para a vertente social, embora eu tenha aversão a política, eu expus o ex-presidente da república na época. Ele é esquerdista roxo e também estava envolvido com as imundices da política. Da mesma forma também que todos os outros governos anteriores. Ninguém ali nunca passou batido.

Com as letras das músicas e minhas atitudes, consegui abrir os olhos deles. Percebi também que com o tempo, outras pessoas começaram a ler algumas postagens nas redes sociais, bem como ouvir também meus sons. E mais uma vez ficou comprovado que eu tinha facilidade para fazer com que pessoas entendessem o meu ponto de vista.

Gostei muito de identificar isso na época, porque me veio o pensamento de influenciar as pessoas a entender as engrenagens do sistema. Escancarando o sistema, eu posso dizer que estou mais próximo do meu propósito nesse mundo.

A revolução é educacional no meu ponto de vista. A revolução é através dos livros. Me dedicar a fazer com que o máximo de negros e pobres se informem e entendam o abismo social ao qual estão inseridos é um propósito e tanto de vida.

Por mais que eu consiga enxergar o abismo social piscando em neon, é mais do que normal encontrar pessoas que não o enxergam, não somente os *playboys*. Conheço muitas pessoas que não fazem ideia do contexto racial e social em que vivem. Tenho amigas e amigos negros que ainda *"passam a vida em branco"*, que ainda agem como se fosse branco. Eles se dizem morenos. Outros amigos de favela que acham que são ricos, fingem nos rolês que tem grana e moram em bairro nobre. Mal sabem eles que *playboy* reconhece a gente que é pobre, só de olhar para nossa pele. Quando não conseguem identificar pela pele, nas primeiras palavras proferidas por nós, eles já sabem que ali é alguém da periferia fingindo ser playboy. Daí já fortalecem ainda mais os discursos e as brincadeirinhas preconceituosas, nos chamando de traficantes, bandidos, etc...

Enxergar o abismo social é doloroso e pra quem consegue ver cada uma das entrelinhas pode parecer até mesmo uma tortura.

Eu trabalhei em meio aos *playboys* na região da Savassi e São Pedro, zona sul de Belo Horizonte. Como eu me envolvi com as *Startups* de BH, trabalhando nas maiores do Brasil nos segmentos de Marketing e Tecnologia, ficou quase impossível não sentir o amargo do fel das diferenças raciais e sociais.

Embora as Startups e grandes empresas buscam ser um ambiente de inclusão (pelo menos a maioria delas pregam isso em seus livros de cultura), ainda estão longe de ser. Tenho certeza absoluta que é algo que eles ainda não enxergam ou fingem não enxergar do racismo estrutural.

Basta olhar o perfil das redes sociais das empresas como Audi, Nubank, Google, Facebook, etc., que na foto com os funcionários, você vai ver 95% de pessoas brancas, isso quando não é 100%, igual a foto que vi da Audi, com aproximadamente 200 funcionários em frente ao prédio em São Paulo, ironicamente com a frase:

"Audi House of Progress São Paulo - Audi Casa do Progresso São Paulo".

Todo mundo da foto era branco e a foto não foi tirada na Suécia, foi tirada no Brasil, o país com maior diversidade de raças do mundo. É assim que o colonizador vê o progresso.

O caminho da minha casa até as empresas que trabalhei eram bem interessantes, porque eu saía da Zona Norte de Belo Horizonte e ia até a Zona Sul. A disparidade é gritante. Desde o lixo jogando no meio da rua do bairro em que morava na época, aos patinetes das empresas voltadas à mobilidade ecológica na Zona Sul.

As pessoas que andam nas ruas de lá são completamente diferentes das que andam nas ruas de cá. Eu não falo somente da cor da pele, já que você já deve imaginar que no meu bairro a incidência de pessoas da minha cor é muito maior do que na Savassi. Falo das roupas, dos cabelos, do estilo de vida e de como o *playboy* aproveita a vida em um Brasil realmente paradisíaco, somente para eles. E eu juro! Quando passo em frente a alguns restaurantes na Savassi, a impressão que eu tenho é que os privilegiados que estão ali se deleitando estão na Europa, em férias e com a mala cheia de compras.

Certo dia pela manhã na ida para o trabalho, eu presenciei uma situação extremamente revoltante. O mais interessante foi que o meu olhar e o raciocínio lógico trabalharam de forma tão rápida, que eu só pude confirmar ainda mais a minha teoria de que eu precisava falar sobre este problema.

Eu estava de moto a caminho do trabalho, subindo a Rua da Bahia, já na altura do bairro Funcionários. Passando em frente ao Minas Tênis Clube (clube onde os privilegiados de BH vão curtir uma piscininha com a família e levam uma mulher negra, com uniforme escrito babá em letras garrafais nas costas, para que tome conta dos seus herdeiros privilegiados. Uma ode a cultura escravagista em pleno século 21). Passando em frente a entrada do clube, eu vi as dondocas com suas roupas de academia e pele impecável, sem rugas e com silicone, tudo como manda o figurino, a caminho da academia. Era umas 7:30h da manhã.

Do outro lado da rua, um canteiro de obras de um prédio grande, onde homens com uniformes de cor chamativa, batiam picaretas no solo com seus capacetes e cigarros acesos. Eu avistei aproximadamente 10 homens e todos eles sem exceção eram negros. Em contrapartida, todas as dondocas que estavam indo cuidar da saúde às 7:30h da manhã eram brancas.

De um lado, uns têm o privilégio de cuidar do físico, da pele, da mente e da vida dos outros. Do outro lado, a maioria precisa se preocupar com o que vai comer, por isso já estão com suas enxadas, pás, carrinhos de mão e vícios presos à boca. Já estão suados.

No mesmo momento, em questão de segundos, eu voltei o pensamento lá na minha mãe. Ela estava a alguns meses de se aposentar. Já estava com quase 60 anos de idade. Ela começou a trabalhar aos 11 anos, limpando e cuidando da casa de uma família branca. Um ano depois ela já estava trabalhando em uma fábrica de cigarros.

Eu entendi que deveria começar a trabalhar cedo, quando a minha mãe em uma situação de discussão na nossa casa disse:

"Eu fiquei sabendo o que era menstruação, sentada em um banco de uma fábrica de cigarros aos 12 anos de idade. Quando sangrei a primeira vez, eu pensei que tinha cortado a perna no banco. Foi a moça do almoxarifado que me explicou que eu tinha menstruado e estava virando uma mulher".

A minha mãe em sua jornada de mãe solo, nunca teve o privilégio de poder cuidar da própria saúde às 7:30h da manhã, até porque, grande parte da vida dela nesse horário, era troca de plantão, ou seja, ela estava saindo de um dos hospitais e correndo para chegar a tempo no outro.

O privilégio até mesmo de cuidar da própria saúde, exige tempo e dinheiro. E isso não é algo que está nas mãos de todo mundo.

Todas as vezes que eu olho uma foto em frente a *Torre Eiffel* ou na *Disney, Coliseum*, etc... Eu sempre identifico uma parada em comum. As pessoas em frente aos monumentos históricos em países da Europa ou na América do Norte, em sua esmagadora maioria são brancas. São *Barbies* e *Ken's* privilegiados, que sem dúvida não sabem o que é ser humilhado por um policial.

Sempre que um preto aparece em uma foto desse tipo nas redes sociais, nos comentários vindos dos "amigos", vão estar as frases: "tá metido hein nego", "tá demais hein", "oh preto metido meu deus"...

O mesmo acontece quando alguém da minha cor aparece com cordão de ouro no pescoço, relógio caro, dinheiro e carro importado. "Se não for traficante", "Aquele é jogador", "deve ser pagodeiro", "é algum funkeiro famoso", etc...

Eles não querem que o nosso perfil seja o do engenheiro, do médico, do acionista ou do empresário. O estereótipo de "bem sucedido" não pode vir de pessoas que se pareçam comigo. Isso gera desconforto nos *"faria loser"* que tem o privilégio de viver em um sistema que é projetado para que ele vença e ainda assim ele não vence. Aí quando um dos meus faz o impossível e com a história mais resiliente do mundo consegue ascender socialmente, eles geram no imaginário popular a ideia de que o negro "venceu por talento nato e não por ser inteligente para se desenvolver em uma profissão".

O racista se sente muito mal quando vê um negro informado. Eu vejo isso diariamente. É por isso que eles usam dos mais diversos discursos e estímulos psicológicos para tentar nos diminuir.

Você não ouve alguém dizer que o branco com corrente no pescoço e relógio caro é jogador de futebol, traficante, cantor de sertanejo, etc... Isso mostra o quanto o abismo racial e social é pungente e as pessoas que são informadas e fingem não ver, são hipócritas que não querem perder o seu privilégio. Afinal de contas, em time que tá ganhando não se mexe.

É doloroso descer o anel rodoviário perto do BH Shopping e ver o morro do papagaio à esquerda, com seus barracos sem reboco e amontoados. Aí você olha para a direita e vê o final do Belvedere e o início do bairro Sion. Os prédios com suas fachadas de granito, versus o laranja dos tijolos à mostra. O mesmo contraste acontece quando se está subindo a rua do Ouro no bairro São Lucas e em certo ponto, a favela da Serra desemboca lá no fundo do cenário, quando você alcança o topo da rua.

A forma como a violência é disseminada e incentivada na periferia e como isso reflete não só em nós mesmos que moramos aqui, mas também no abastado, quando para o seu carro importado no farol e, o famoso "dois caras em uma moto" vem como *Robin Hood* e mantém a lenda de pé.

Tenho uma notícia muito ruim pra você...

No meu ponto de vista, isso nunca vai acabar. Porque não acontece por acaso ou porque pessoas parecidas comigo vem de genes demoníacos e por isso cometem crimes. Existe um projeto político sórdido por trás, para que uma criança de 10 anos pegue em um fuzil. Não é possível que um ser humano que nem sequer tem RG, tenha acesso a um fuzil Russo.

Quando um ser humano tem 20 Ferraris e o outro mora em uma lona de 2 x 2 metros, com uma família de 6 pessoas, fica impossível resistir a tentação de querer fazer parte da festa do materialismo.

Acho que uma das fotos mais marcantes que vi, que esfrega na cara o abismo social, foi uma do contraste entre Morumbi e Paraisópolis, na cidade de São Paulo.

Já dizia o *Reinaldo* do A286: "Eis o Paraisopolis que ninguém ama".

É assustador olhar as coberturas de 1 por andar, com piscinas privativas de um lado e, na mesma ótica, observar o aglomerado de casas sem reboco, becos e vielas, fios amontoados nos postes, etc...

O abismo social que mantém a empregada doméstica na casa do abastado. Faz ela fritar filé mignon para o executivo chefe, enquanto ela arrota ovo com os filhos em casa. Aquela que aceita a humilhação de ter que lavar as calcinhas sujas de sangue e corrimento da dondoca, quem nem sequer faz questão de jogar no cesto de roupa suja. Se demorar a lavar ela reclama, humilha, diz que se não quiser trabalhar, lá fora tá cheio de gente querendo o lugar dela.

O abismo social escancara quando eu entro no Diamond Mall aqui em Belo Horizonte.

Me lembro quando eu trabalhei em uma grande Startup de tecnologia aqui da minha cidade. Além de vários outros benefícios, tínhamos o *Gympass* (um passaporte que você paga determinado valor para a empresa, que vem descontado em folha, e te permite escolher dentre várias academias da cidade).

A modalidade que eu pagava, me permitia treinar em academias com mensalidades de até 600 reais. Eu caí na besteira de ir treinar na Companhia Atlética, dentro do Shopping Diamond Mall (localizado em área nobre de BH).

No primeiro dia que fui treinar, saí de casa às 5:45h da

manhã. Cheguei na porta do Shopping, com minhas roupas de treino, etc...

Na porta do shopping, ainda do lado de fora, tinham dois seguranças. O primeiro me parou e perguntou aonde eu ia. Respondi que ia à academia. Ele me perguntou o que eu ia fazer na academia. Me olhei de baixo pra cima, com o objetivo de mostrar que eu estava com roupas de treino, às 6h da manhã, querendo entrar no shopping para ir à academia. Ele pagou de louco e eu respondi: Eu vou treinar na academia.

Ele perguntou se era o meu primeiro dia lá. Respondi que sim e que já estava atrasado por sinal. Acho que foi a partir daí que ele começou a fazer ainda mais hora. Pegou o rádio e começou a chamar e falar que eu estava na porta, querendo entrar e ir na academia. Comecei a ficar puto, quando vi a quantidade de pessoas brancas chegando, nem mesmo cumprimentando os seguranças e entrando. Depois de uns 10 minutos esperando, eu consegui entrar no shopping para treinar.

A academia de *playboy* é engraçada. O mesmo retrato de sempre. Os mesmos protagonistas no papel principal e os coadjuvantes de pele preta complementando o cenário do abismo social.

A mesma mulher negra, com uniforme da faxina, rodo, bota plástica e invisível. Dos 5 minutos que fiquei na recepção, umas 8 pessoas passaram por ela como se ela nem estivesse ali. As dondocas acima de 60 anos não se parecem nada com a minha mãe. Elas têm a pele tão jovial quanto a de uma adolescente. Esticadas com plástica e botox na boca.

Uma observação sobre a arte do botox para as fofas *socialite;* que querem ter os lábios das negras que elas sempre ofenderam, desde a época da escola. É irônico e engraçado também ir à praia e ver racista que odeia a minha cor, se tostar no sol para fugir da cor dele e ir de encontro a minha.

Dentro da academia também era muito engraçado e nítida a diferença social.

Pense bem na situação. Eu, homem negro e de periferia, treinando em uma das academias mais caras da cidade. Sem dúvidas ia dar *tilt* no radinho dos seguranças e no olhar do racista. Eu tenho 1,83 mts, pesava 110kg na época e era atleta de futebol americano. Já tinha 19 anos que eu praticava musculação.

Eu desse tamanho, com "cara de mau" de acordo com a galera que "tem cara de bom", cheio de tatuagem, com roupas largas e tênis de basquete, treinando em uma academia da Zona Sul de BH. Um lugar onde os alunos chegam de BMW, Porsche, Mercedes e uma outra quantidade enorme de carros importados. Eles estacionam dentro do shopping, vão à academia, cuidam da saúde (uma esmagadora maioria com o seu próprio personal trainer) e saem intactos. Isso sim é estilo de vida.

Todas as vezes que eu ia treinar me sentia deslocado. Não só pelo meu tamanho, que por sinal, eu já estou acostumado as pessoas olharem assustadas pra mim nas academias. Até porque não é todo dia que você vê alguém zerando todos os equipamentos que estão na polia, pegando halteres que ninguém consegue usar na academia e arrebentando cabos de aço. Meus treinos sempre foram assustadores, eu sei disso. Ninguém normal corre em esteiras de costas, leva capacete para treinar o pescoço e faz movimentos incompreensíveis e aleatórios.

Por outro lado, a vivência preta e o despertar da negritude me fazem enxergar o olhar de racismo, de desdém. Aquele olhar de cima embaixo, com um ar de superioridade. Conheço esse olhar desde cedo. O racista não me passa batido por falar que "tem até amigos negros".

O olhar, as caras e as atitudes eram como se eles estivessem falando: O que esse crioulo, pobre e sujo está fazendo aqui?

Como assim, eu pago R$600,00 por mês e esse gorila ao invés de limpar o chão, igual a todos os outros macacos e macacas daqui, está aqui treinando, nas mesmas condições e nos mesmos aparelhos?

Vai por mim... O racista odeia quando um negro de periferia está exatamente na mesma posição que ele. Ele não se sente bem sabendo que é um privilegiado do caralho e, alguém que saiu da lama, contra tudo e contra todos, está aproveitando as mesmas benesses da vida, igual a ele. Ele não vê problema em sair do shopping e dar de cara com crianças de 6 anos, em cima dos ombros umas das outras, fazendo malabares em troca de moedas no semáforo. O que o deixa machucado é saber que em um sistema feito para massacrar pessoas iguais a mim, eu esteja dividindo o mesmo oxigênio que ele, no bairro dele e na academia dele. Um absurdo!

Quando este negro ainda conhece as engrenagens do sistema e sabe mostrar isso até mesmo com atitudes, aí é que eles ficam até depressivos. Sei que eles pensam que sou radical e louco por enxergar as entrelinhas do sistema sórdido, por ver o abismo social e o aparthaid do século XXI.

O playboy não quer ver a favela vencer. Ele quer que ela fique exatamente onde está. Na margem da margem. Servindo apenas de mão de obra barata para cumprir o seu papel que é servir, ser humilhado e vender as drogas que eles amam usar. Ele não quer ver da sua cobertura de luxo, um monte de barracos que começam a apenas 10 m de sua piscina. Como acontece no cenário Morumbi/Paraisópolis que mencionei. É por isso que a especulação imobiliária é mais um dos tentáculos do sistema, responsável por gerar incêndios nas favelas, como simples forma de ocupação do local que, no futuro, pode ser o campo de golfe do condomínio que antes era do lado da favela.

Eles não querem dividir a mesma mesa com você no trabalho. Prevalece a máxima do Edu mais uma vez:

...“escravo e dono de fazenda não sentam na mesma mesa”...

É um absurdo imaginar que alguém se sinta mal pelo fato do semelhante estar nas mesmas condições ou melhor do que ele. Não tem nada pior do que ser parado por um policial cuzão, que após te revistar em frente a um monte de gente branca, que nunca passou por aquela situação na vida, pergunta onde você mora, se você tem passagem na polícia, com o que você trabalha e, se você trabalha, como pode estar andando de carro em uma tarde de quarta-feira?

Eu fico imaginando um gambé indo lá no Belvedere e parando o primeiro *playboy* passeando com uma BMW, em uma quarta-feira à tarde. É mais fácil um morcego doar sangue do que isso aí acontecer.

Eu nunca consegui ver um branco, em um bairro de *playboy*, tomando geral da polícia. A pergunta que eu tenho a fazer é; se a polícia está aqui para “proteger e servir” - vou colocar entre aspas para não parecer que eu acredito nisso - por que será que eu já fui revistado e humilhado pela polícia mais de 50 vezes na vida e o meu ex sócio, que é branco, loiro, de olhos azuis e mora no Funcionários, nunca sequer tomou um “pulão dos homi” e tem a mesma idade que eu?

O sistema para manter a desigualdade social, criou cachorros para proteger brancos privilegiados e maltratar negros e pobres. Eu sou uma prova viva disso. Por isso, neste livro estou trazendo experiências que vivi, bem como as que presenciei, que ouvi falar no meu bairro e os estudos que levantei durante a minha vida como negro periférico.

Não podemos negar o aparthaid racial e social que vigora na república da corrupção, onde o bandido é eleito pelo povo sem memória, mas quem é pintado como o mal do país, é uma criança com um fuzil de uso exclusivo das forças armadas. O fato do armamento ser de "uso exclusivo das forças armadas" e estar pendurado em crianças que têm o mesmo tamanho do fuzil, já escancara de onde o problema veio.

Quando se anda em ruas da Pampulha que são tomadas pelos Desembargadores, Juízes, empresários e políticos que moram lá, os "seguranças" em suas guaritas, nos perguntam onde estamos indo.

Já parou pra pensar o que isso significa?

Imagina eu fechar a rua da minha casa com cones, colocar uma guarita com um segurança e toda pessoa que passar por lá, ser obrigada a falar aonde está indo. É um absurdo isso.

Quando pagamos impostos, não está escrito em qual bairro podemos ou não andar. Isso nos mostra claramente que o direito de ir e vir garantido na Constituição Federal, deixa de existir porque um figurão se sente dono da própria rua. A pior parte disso, é ver favelado achando isso bonito.

Tenho amigos que diz:

"Tal dia fomos no Mangabeiras e o cara da guarita não queria deixar a gente ir no mirante. Imagina que louco isso! Você mora na rua que as pessoas não podem caminhar por que você é rico e decidiu que ninguém pode passar na sua rua, a não ser os vizinhos que lá habitam"?

Enxergar as entrelinhas dói...

Existe um muro das lamentações que é feito para nos dividir. Favelado que ainda não conseguiu entender isso, está sendo dizimado e tá rindo. Tá cumprindo todos os capítulos da cartilha do ódio. Tá mais focado em ostentação, droga e sexo, do que na mãe dele que tá limpando saliva podre de boy nos talheres pós jantar.

Tem gente que diz ser do movimento *hip hop,* que só tá cumprindo mais uma vez o papel de quem se fode aqui. Tá cantando ostentação porque o *Greed* vende, desde que humano é humano. Tá reduzindo as mulheres da favela a pó, chamando elas de cachorra, de puta e sendo um machista ainda mais escroto, porque esse tipo de música é vendável para o senso comum. No meu ponto de vista, não é proibido cantar o que você quiser. Você é livre para fazer a música da forma como acha que deve fazer e também de acordo com o meio e contexto social em que vive. Mas você precisa ser responsável pelo que fala. O microfone é como uma arma e se você é alguém que inspira outras pessoas, é preciso pegar no microfone e ser verdadeiro.

Eu realmente não vejo problema em cantar um rap ou funk de festa, de sacanagem, de ostentação ou crime. Mas existem outras formas de fazer uma música safada sem ser escrota. É possível falar do crime e do tráfico de drogas, incitando para que crianças não vejam aquilo como única saída econômica para suas famílias. Pode-se falar de ostentação com a ideia de mostrar que é possível ter bens materiais, sem precisar vender droga e, mais do que isso, mostrar que aquilo não é nada além de objetos que vão ficar aqui na sua partida. Não é proibido ter correntes no pescoço e *Nike* nos pés. O vacilo é fazer disso a sua religião e do dinheiro e poder o seu deus, sua única forma de "ser alguém", sua única forma de ser feliz. Isso é ridículo.

Uma coisa interessante que decidi fazer foi ficar rico com a minha profissão de estrategista digital, copywriter e mentor. São os meus projetos profissionais, que me fazem garantir o meu pão e guardar dinheiro. Dessa forma, eu tenho tranquilidade para investir e priorizar o meu rap. Não que atualmente eu não esteja fazendo o meu som, tenho muita música escrita e voz captada, mas é preciso gravar, mixar, masterizar, comprar o beat, subir para as plataformas, fazer vídeo clipe, etc... Vai por mim, isso fica caro demais.

A minha ideia é conseguir ficar livre da necessidade do dinheiro para o básico, ou conseguir dividir o meu tempo da forma como eu priorizar na minha agenda e não na agenda de um chefe. Dessa forma, vou ter mais liberdade para trabalhar o meu rap. Isso significa que vou poder contar muita verdade que muita gente não tá afim de ouvir. Este livro é um ótimo complemento na minha renda para que eu possa focar ainda mais na minha música e em outros projetos que estão interconectados. Tanto os sons, quanto o projeto Geloteca, os livros (sim, já vou dar spoiler aqui que já estou com a ideia do próximo livro que vou escrever) e outras ideias alinhadas à minha visão de mundo, estão interconectados ao meu propósito de vida.

Todos os conteúdos que produzo ou ainda vou produzir, serão direcionados para quem ainda não enxerga o abismo social por completo. Fala para os pobres, para quem ainda não entende o sistema e para pretos e pretas que querem se libertar das amarras do mundo racista.

Eu decidi fazer isso porque é preciso abrir os olhos do meu povo para o que está acontecendo, ainda mais em um país que se diz tropical. Estamos em guerra e isso vou falar no próximo capítulo que é: "O país tropical e a assimetria oculta da guerra".

Eu tenho como dever e filosofia de vida, falar dos problemas e trazer soluções de acordo com o que eu posso fazer em vida. Eu decidi fazer isso e não posso voltar atrás. Eu preciso falar que uns vivem em berço de ouro e são os responsáveis por cagar regras que são feitas somente pra nós. Outros nascem numa mantinha podre e são penalizados pela cor da pele e do lugar onde mora.

Enxergar as entrelinhas dói, enxergar o abismo social dói e eu vejo de tudo...

CAPÍTULO 5

*O país tropical e a assimetria
oculta da guerra*

Tivemos a sorte de viver em um país paradisíaco como o Brasil. Não temos terremotos, furacões, vulcões, tsunamis, etc...

O nosso único problema é o abastado que já foi muito comentado por aqui. Ele é o responsável por transformar um país paradisíaco em um inferno para muitos e céu para um percentual baixíssimo de privilegiados.

Um país que se diz paradisíaco, tem um dos maiores índices de mortes violentas intencionais do mundo. Estamos falando de 50 mil mortos todos os anos segundo o atlas da violência, mapeado pelo Ipea[7]. Somos o país que tem a polícia que mais mata e também a que mais morre no mundo. Mas esses dados não estão sempre por aí. Estamos em guerra mas não sabemos disso. Por isso esta assimetria é oculta. Quem me dera se o pobre soubesse que está em guerra e pior ainda, se soubesse que está sendo dizimado aos poucos.

A guerra na Síria matou um total de 3746 pessoas no ano de 2021, de acordo com o OSDH (Observatório Sírio de Direitos

Humanos[8]). O nosso país não está em guerra declarada e mata quase 15 vezes mais, do que um país em que caças das forças inimigas, despejam bombas do céu em bairros inteiros. Por isso é necessário pensar que algo está errado.

Se fizermos um comparativo do Brasil versus todo o continente europeu, chegaremos a números assustadores.

Vejamos...

Segundo o site *wordometer*[9], o continente europeu tem um total aproximado de 748 milhões de pessoas, contra 214 milhões de brasileiros, segundo o IBGE[10]. Isso quer dizer que a população do continente europeu é quase 4 vezes maior do que a do Brasil. Mas o fato mais interessante, é que no ano de 2019, foram contabilizados 3875 homicídios intencionais em toda a europa, segundo o site *eurostat*[11], contra 57.358 mil assassinatos somente no Brasil, de acordo com o Anuário Brasileiro de Segurança Pública[12]. O que quer dizer também que, por mais que o Brasil tenha quase 4 vezes menos população do que a Europa, ele mata quase 15 vezes mais do que todo o continente. É um número absurdamente assustador.

Embora a maioria desses números são dados por playboys que têm acesso a tecnologia, dados e pesquisas, eu sempre gostei de fazer e buscar pelos meus próprios números. Sempre fiz questão de entrevistar meus amigos do crime, meus amigos do bairro, parentes, etc... Dessa forma, além de buscar dados que alguém ou algum órgão levantou, eu também faço os meus levantamentos por conta própria. Penso que é a melhor maneira de chegar próximo da sensatez.

À medida que vamos adquirindo experiência e passamos dos 25 anos na periferia, passamos a ter maior respeito pelos outros que também passaram dos 25. É uma idade que traz medo, baseado nos números que não são meros dados. Quando olho pra trás e vejo a quantidade de jovens que a guerra levou, os dados mencionados acima começam a fazer mais sentido. Confesso que no meu bairro, os números foram ainda maiores do que o normal.

O início dos anos 2000 no bairro São Paulo foi de muita violência. Era um verdadeiro *bang bang*. Incrível a quantidade de jovens abaixo de 18 anos que se foram pelo crime.

Certo dia, batendo um papo na roda de malandro, fizemos um levantamento de jovens que estudaram na mesma escola que nós e que se foram para o crime. Me lembro que durante uns 30 minutos ficamos lembrando nomes de amigos e conhecidos que se foram com a guerra. Estávamos conversando entre 5 caras e chegamos ao número de 115 finados em menos de meia hora.

Me lembro que esse número me assustou muito e fiz uma contagem só dos meus amigos que estudaram comigo no Bressane (a escola municipal do bairro). De 17 caras, 14 morreram por causa da guerra. Sobrou eu e mais 2, sendo que um desses dois ainda está preso, enquanto escrevo este livro.

Se observarmos a periferia desprendidos de qualquer bolha ao qual fomos criados, os números saltam à nossa vista. O bairro em que cresci é na periferia de Belo Horizonte, mas também não é uma favela da Rocinha do Rio de Janeiro. E é exatamente isso que faz com que pensemos de forma macro e enxerguemos que há algo errado. 90% dos moleques que estudaram comigo no Bressane, são finados da guerra que se iniciou nos anos 2000.

Conheço mães que perderam 3 filhos, 1 sobrinho e 1 irmão na guerra. É muita gente da mesma família indo antes da hora pela mesma causa. Vi uma criança de 12 anos de idade roubar um carro na zona sul, sem saber dirigir e, ainda assim, pilotar até o meu bairro, somente na primeira marcha. O motor do Vectra a ponto de explodir.

Passado alguns meses, ainda com 12 anos, o mesmo moleque (que eu não vou colocar o nome original aqui, mas vou chamá-lo de João), roubou outro carro. Dessa vez ele já sabia dirigir melhor, sabia trocar marchas e isso custou uma perseguição de uns 20 minutos para a Polícia Militar.

Com helicóptero seguindo pelo céu e várias Blazers pelo asfalto, João bateu o carro e não conseguiu mais dar fuga. O policial desce da viatura, vê João preso nas ferragens, e com a calibre 12, atira na cara de João. O PM no cumprimento da lei, ao invés de prender o menor de idade, que de acordo com a gíria havia "perdido", preferiu atirar na cabeça dele.

João tinha 12 anos de idade... Eu duvido que ele já tivesse transado alguma vez. Morreu sem nem mesmo sentir uma mulher gozando em seu colo.

Durante os meus 36 anos de idade, quantos João 's se foram? Quantas mães pretas precisam chorar?

Eu vi no crime, famílias que tinham tretas entre si. Ou seja, um irmão é dono de uma boca e o outro é dono da outra boca. Os dois viviam em guerra.

Conheci 3 irmãos que estavam totalmente envolvidos com a criminalidade. Desde tráfico de drogas, roubos, homicídios, etc... O irmão do meio tinha uma disposição ímpar. Ele era o cara para se ter ao lado quando apareciam os problemas. Um dia fizeram uma casinha pra ele e o mataram. Me lembro do irmão mais novo chegar, passar por baixo da fita amarela dos peritos, ir até o corpo do irmão estendido entre o meio fio e o asfalto, colocar o dedo em uma das perfurações, pegar o sangue com o dedo, colocar na boca e jurar vingar a morte do irmão, na frente de toda a favela.

Ele não esperava o que vinha a acontecer mais tarde, quando dois caras armados chegaram atirando e o pegaram numa emboscada alguns meses depois. Ele estava comendo um cachorro quente em um dos trailers do bairro. Ele tomou algo perto de 17 tiros e morreu sentado, com a boca cheia de cachorro quente e os olhos arregalados, assustado. Uma cena muito forte.

O terceiro irmão, que era o mais velho deles, desapareceu da quebrada. Eu pra ser sincero nunca mais o vi. Já ouvi dizer que ele tá em outra quebrada, trabalhando pelo crime ainda. Já ouvi dizer que ele tá preso e também já ouvi dizer que ele morreu.

Vários caras do bairro se foram no mesmo *modus operandi*. Várias histórias que eu não posso deixar de falar aqui, já que eles são apenas números na estatística e nunca representado por ninguém, a não ser pelos próprios moradores da quebrada, que conseguem enxergar as entrelinhas e gastam grana do próprio bolso para gravar rap ou funk que falam a nossa realidade. Ou então alguém que tem a ousadia de escrever um livro expondo o sistema dessa forma.

Eu não posso falar da assimetria oculta da guerra, sem mencionar as inúmeras histórias e o rastro de sangue e cadeia que o crime nos deixa. Morar na periferia e enxergar a assimetria oculta da guerra também é doloroso. E você já sabe que enxergar dói.

Ver não dói, mas enxergar dói... Ver é aquele olhar simples, na mesma camada, na mesma bolha. Enxergar é o olhar fora da caixa, aquele que você vê a situação, a morte de um amigo no crime, por exemplo, e começa a pensar a nível da sua cidade quantas pessoas morrem assim, depois do seu estado, do seu país e por fim, do mundo. Enxergar é pensar de forma macro e não ver algo somente ao seu redor.

Enxergar é olhar para o policial numa "batida de rotina",

que só é de rotina pra quem tem a pele preta e, ter a certeza absoluta que ele não faz isso no bairro mangabeiras, com *playboys* brancos, filhos dos desembargadores que vendem alvarás de soltura. Se numa situação de "baculejo policial" eu apenas ver, ao invés de enxergar, eu vou cair no conto da carochinha e acreditar que aquele policial está ali para me proteger e servir.

Enxergar é ter a convicta certeza de que as famosas batidas policiais é o racismo travestido de lei vexatória, para opressão e humilhação de negros periféricos na frente de pessoas brancas. É ter a convicção que são os capitães do mato, mantendo o quilombola "na linha".

É ter certeza absoluta de que o racismo estrutural e institucional está trabalhando a todo vapor, quando o exército dá 80 tiros sequenciais no parabrisa de um carro, com uma família negra dentro. Um carro com crianças atravessado como papel por tiros de fuzil 7.62 e no desespero da esposa por socorro, a cena do sorriso no rosto dos soldados que fuzilaram o carro dela.

Eles acharam engraçado...

Imaginei a cena em câmera lenta, o sorriso racista (aquele que eu conheço muito bem), o olhar de superioridade, a fumaça saindo do cano dos fuzis, o mar de cápsulas espalhadas no chão e uma mulher negra com o filho nos braços, em prantos. É aquela cena que dá prêmio de melhor fotografia para quem tem insensibilidade em fotografar a dor negra. É aquela mesma dona Maria de sempre, favelada, com o cabelo espichado e o olhar de cansaço, triste, chorando, desesperada em meio aos sorrisos sórdidos dos cães do Exército.

Quantas donas Maria eu vi desde a minha infância. Quantas delas eu vi aos prantos, deitadas em cima do corpo, gritando pra Deus levar ela junto, chamando o cadáver de meu neném, meu filhinho, minha vida. Aos olhos de imbecis isso pode ser uma cena engraçada. Vi alguns sorrisos em cenas como estas. Vi o mesmo morador de periferia, rindo do semelhante dele, jogado no chão, cheio de tiros. Riam das palavras proferidas pela mãe. Estavam rindo de si mesmo.

Aquele rosto enrugado, pele preta e maltratada, o português errado e a mesma luta de sempre. Aquela que lava a roupa podre do mauricinho, limpa o chão de suas empresas, esfregam vasos sanitários e pias de shoppings, cuidam das crianças das madames, enquanto o próprio filho dela é descuidado pela chefe e cai do nono andar. São exatamente as mesmas características e os mesmos problemas. Mãe solteira, o pai sumiu e sobrou apenas os filhos que o crime cuida muito bem. Dá a eles um nome, uma "família", mulher, droga, dinheiro e poder. Quem não quer isso? Quando a vida sempre bateu na sua cara e nunca te deu chances de revidar, ao simples chamado de uns "amigos", você se entrega. Ainda mais quando de primeira dá tudo certo.

O crime é sedutor... Ele te pega e te leva. E quando leva, leva pra nunca mais voltar. O que resta são as lágrimas da mãe, que nunca esquece do neném dela. E segunda-feira é dia dela limpar chão novamente, daquele lugar que não deu nem condições de dar um velório digno para o seu filho.

O mesmo problema estrutural, lá na base do sistema, feito para dar errado pra nós e dar certo pra eles. O país tropical em guerra não declarada, está 24 horas mentindo na nossa cara. E a guerra sempre esteve por perto, bem aqui no meu bairro.

Quando "Vulgo Zero", rapper *Old School* de Sete Lagoas, cidade que está a uns 70km de Belo Horizonte, disse que "as ruas estão tenebrosas", sem dúvidas me retornou ao final dos anos 90 e início de 2000. Aconteceram fatos marcantes aqui na minha quebrada e nos arredores, que sempre teve muitas favelas e consequentemente muita treta umas com as outras.

Nos arredores do meu bairro, havia várias favelas, criando assim um complexo quando se olha de forma macro. Saindo do portão da minha casa, se você andar 200m, vai estar na Vila Andiroba, que por sinal existe até hoje. Se você subir 4 quarteirões, vai chegar na Vila Perdigão, ainda dentro do bairro São Paulo. Se você descesse 2 quarteirões, tinha a favela da Carioca, que beirava a Av. Cristiano Machado. A Carioca ficava do lado do meu bairro, ou seja, antes de atravessar a avenida. Do outro lado da avenida já começava o Vietnã 1, que se estendia até o viaduto do anel rodoviário, onde atualmente é a Estação São Gabriel. Depois do viaduto, se estendendo até o Bairro Suzana, começava o Vietnã 2. Atravessando a Cristiano Machado novamente, ou seja, de frente ao Vietnã 2, se encontra o Bairro 1º de Maio, bairro que por sinal, eu também passei grande parte da minha infância, com meus primos. E é neste bairro que se passou uma das trágicas histórias da guerra oculta.

Eu nem vou falar das outras vilas e favelas nos bairros próximos, tipo Aarão Reis, Maria Goretti, Maria Virgínia, União, São Marcos, Penha, etc... Somente hoje eu consigo identificar que embora sejam bairros diferentes, formamos um complexo de favelas na periferia de BH, mais precisamente no início da zona Norte.

Falar mais sobre a assimetria oculta da guerra, com histórias e dados do meu bairro e arredores, é mais convincente. Porque dessa forma eu te faço elevar os seus pensamentos para imaginar a nível Brasil, que inclusive, tem números ainda mais assustadores quando se fala de Nordeste. O sistema esconde os números da guerra quando o assunto é o Nordeste. Porque essa casta de Xenofóbicos que governa o país acham que o Brasil é só o Sudeste e o Sul.

Voltando ao bairro 1º de Maio, que tem até hoje uma favela, bem no pé do morro, chamada Rua A, aconteceu uma história de muita covardia por parte da bandidagem, já que eles "jogaram sujo" de acordo com "a bíblia da rua", ou seja, "as regras" do crime.

Havia uma treta entre dois traficantes e um deles estava muito afim de pegar o outro, fazia de tudo, mas não conseguia pegar. Várias vezes um deles sumia e ficava impossível de achar o cara. Um belo dia surgiu um plano na cabeça de um deles. Vou chamá-lo de (Marcos). Como ele não conseguia pegar o seu inimigo, que vou chamá-lo de Roberto, agiu de muita maldade e pegou o irmão do cara. Matou um inocente, que não tinha nada a ver com a guerra deles.

E agora vem a parte ainda mais monstruosa do negócio. Os familiares do Roberto, foram velar seu irmão, inclusive o próprio Roberto foi na igreja acompanhar a mãe que estava em prantos. De uma hora pra outra, parou uma moto em frente à igreja, um jovem na garupa desceu da moto e entrou na igreja. Era Marcos, que já sabia que o Roberto estava velando o seu irmão junto à sua família.

Marcos entrou na igreja e deu uns 8 tiros no Roberto. Matou o seu inimigo dentro do velório do próprio irmão inocente. O crime não tem regras. Foi a atitude mais covarde que já vi acontecendo no crime da nossa quebrada.

Agora a pergunta que vale 1 milhão de dólares: Quantos Marcos e Roberto 's existiram e ainda existem no Brasil?

Sem dúvidas, os números assombrosos da guerra oculta, não são mostrados nos dados que o Brasil apresenta nos jornais. Tenho certeza absoluta que os números da guerra não são contabilizados em sua totalidade. Existem várias mortes que não são colocadas nas estatísticas, inclusive a dos esquadrões da morte, que perduraram desde o Golpe de 64, o qual ironicamente eles chamam de revolução e, atualmente, estão ocupando cargos políticos, até mesmo na posição de presidente da república. Tenho vários conhecidos que são policiais e sei que eles jogam o jogo do crime também.

Certa vez, um deles me disse sobre uma treta que sua

guarnição precisava resolver com um traficante que sempre pagou propina para eles, porém, durante certo tempo, estava faltando com seus compromissos. A guarnição de abutres foi atrás do cara e deixou recado, porque não o encontraram. Mas eles sabiam que se deixassem o recado, o dinheiro deveria aparecer em pouco tempo, afinal, o recado foi deixado com os crias que trabalhavam para o traficante.

Passado alguns dias, chegou no ouvido dos policiais que o cara não iria pagar porra nenhuma e, além do mais, ia sentar tiro na próxima vez que os policiais fossem na favela dele cobrar o arrego. Meu colega policial me contou com um sorriso nos lábios e um olhar de ferver água fria, que eles esperaram a "poeira abaixar" e certo dia, pegaram esse cara num rolê, longe da vista dos outros e foram dar uma volta com ele.

Quem é favelado já tá ligado que quando os policiais te pegam para "dar uma volta". São duas possibilidades: Ou vão te extorquir dinheiro, arma, droga, correntes de ouro, a tela de 50 polegadas, etc... Ou vão te matar. Simples assim.

Dessa vez o passageiro da agonia não teve sorte de ser extorquido. Após um longo rolê, chegaram em um lugar com zero iluminação, a não ser o farol da Blazer da PM. O policial que me contou essa história, a contava com tanto orgulho, com tanta felicidade, que eu me assustei em imaginar que eu era colega dele e que ele e seus amigos de rapina fossem tão cruéis. Digo isso, porque o Kléber, vou chamá-lo desse nome para não complicar as coisas, era um cara "sangue bom". Bom, pelo menos para nós que éramos colegas dele.

Segundo Kléber, quando o passageiro do navio negreiro do século XXI viu a pá e o monte de terra, iluminada pelo farol da Blazer, ele começou a chorar igual criança. Ele implorava, dizia que daria qualquer coisa pra eles, que queria negociar. Porém, a polícia não estava para negociação naquele dia, afinal, um PM não cava uma cova atoa. Se ele cavou, ela vai ter serventia. Era uma vez um traficante que pagava a polícia para vender drogas e resolveu se rebelar contra o sistema.

Kléber disse que quando colocaram ele do lado da cova, não deu tempo nem de pedir água. O cabo que tinha mais raiva do traficante, já deu logo um tiro na têmpora e o corpo desabou de forma automática dentro da cova. Depois disso, todos já começaram a jogar terra em cima e dentro de alguns minutos, não existia mais o traficante. A única coisa que restou foi a mãe procurando ele na sessão de desaparecidos. Nas contas de Luz, caixas de leite e nas latas de massa de tomate.

Se pararmos para pensar de forma macro... Quantos traficantes devem a polícia e são desaparecidos no Brasil dentro de 1 ano? Esses números são dados que não estão nos relatórios da ONU. Eles são maquiados e ninguém nunca vai saber. Não se contam mortos em cemitérios clandestinos e nem os que a polícia joga nas lagoas, barragens, rios e no mar, com 50kg de anilha preso em correntes no pescoço. Não tem como contar, quantos deles são derretidos com ácido e jogados no esgoto dentro dos presídios do Brasil, com o álibi para a família de que o bandido fugiu durante a madrugada. Muito menos quantos são incinerados nos famosos microondas nas quebradas do país.

Tudo isso faz parte dos números da guerra oculta do país tropical. Eles só não são contabilizados. E olha que eu nem tô falando dos médicos do SUS que vendem órgãos de pobre que chega em hospital público. Sem dúvidas eles devem alegar que outros "cidadãos de bem" precisam de órgãos que os marginais estão desperdiçando. Também não estou falando do mercado da venda de corpos para as faculdades de medicina. Moradores de rua, viciados em drogas e alcoólatras e outros tipos de zumbis, são presas fáceis para a indústria de corpos.

Um rico que precisa de um fígado, só precisa chegar em um médico que trabalha no SUS e pedir o número da conta dele para transferir 200 mil, assim que chegar o filho de um esfomeado perto de tombar na vala na maca de um hospital público. Adivinha qual a renda e a cor do cara que vai chegar lá no hospital público, vítima de disparos com arma de fogo, no país que mata 50 mil pessoas por ano? E as vítimas de atropelamento, quedas da laje, uso excessivo de drogas, etc?

As vezes, a ânsia pelo dinheiro é tão grande, que a pessoa teria chances de sobreviver, porém, a eutanásia autorizada pelas notas azuis, com desenho de Garoupa sobressai, alguém desliga os aparelhos e lá se vai um corpo pra vala de um cemitério público e um fígado em ótimo estado de conservação para alguém que vai viver uma boa vida até os 90 anos.

Se esses números fossem contados na guerra oculta, sem dúvidas passaríamos dos 70 mil mortos por ano.

Eu também não tô falando do número de mortes por conta do álcool e nem da geração de noiados que a cachaça criou. Nem das empresas que matam o povo pobre nos alimentos baratos vendidos nos supermercados da periferia. Sem dúvidas, uma massa de tomate da Heinz é menos prejudicial do que a das marcas que vem com o nome do supermercado estampado na embalagem e custam 3 vezes menos.

Os números são impressionantes e as histórias são inúmeras. O problema é que somente poucas pessoas que tem empatia e um senso crítico bem apurado, que esqueça de opinião política e esteja disposta a olhar para os números, vão conseguir enxergar.

Estamos em um país que a cada 4 pessoas assassinadas, 3 tem as minhas características. Isso mostra que estamos sendo exterminados nessa guerra que fingem não estar acontecendo. Dos 50 mil mortos por ano, quase 38 mil são pretos e pardos. Algo está errado e eu tenho muita certeza que não é porque dizem sermos descendentes de uma tribo amaldiçoada mencionada na bíblia.

A gente começa brigando em portas de escola, filmando no celular e achando bonito tudo aquilo. No final das contas, acabamos criando planos para atacar a boca inimiga, fazendo plantas para assaltar bancos e explodir caixa eletrônico. Somos ensinados a fazer isso desde criança. É um projeto político e racial.

Não adianta pensar que a guerra vai acabar, só colocando UPPs em comunidades. No lugar delas, precisamos de escola que ensine a pensar e não a passar em provas. Precisamos de escolas públicas de qualidade. O país tem dinheiro para ter a melhor educação do mundo. Temos muita riqueza mineral, agricultura e outras dezenas de formas de fazer dinheiro.

Precisamos na periferia, da professora sendo bem paga para ensinar o futuro da nação a pensar, ter senso crítico. Precisamos de faculdades públicas, dentro de periferias, para favelados. Não precisamos do caveirão entrando dentro de favelas e matando crianças nos tiroteios. Uma favela é mais segura quando o tráfico de drogas está acontecendo do que quando a polícia invade atirando. E me perdoe se você não faz ideia disso. É um problema que não tem como mudar, se o Governo pensar em atingir a "ponta".

É o mesmo que tentar cortar um pé de Jatobá, podando as folhagens com tesourinha escolar, ao invés de vir com a motosserra na raiz da árvore. O tráfico nas pontas não vai acabar. É preciso ir lá na fonte, na raíz. Lá onde estão os políticos, grandes empresários, Coronéis e Delegados, Juízes, Promotores, pastores, etc...

Enquanto o Estado fingir que se acaba com a dengue, matando mosquitos com raquetes elétricas, ao invés de focar em não deixar a água parada, a guerra vai continuar. Vai continuar sendo mais efetiva em morticínio do que na Síria. Vai continuar matando mais a longo prazo, do que qualquer guerra mundial já existente na história. Vamos continuar sendo o país que aumenta a massa carcerária a cada ano, com mais intensidade do que favelados acessam os cursos superiores. Vamos continuar sendo o país hipócrita e racista, que goza vendo linchamento por furto de celular no youtube, mas acha lindo e tira fotos com o Eike Batista, quando ele desembarca no aeroporto, mesmo sabendo que o cara foi declarado foragido da justiça por conta de corrupção.

O país vai continuar achando que o cancro é favelado, porque a quantidade exorbitante de descendentes de escravizados estão lá. As favelas são os quilombos *high tech* e vivemos no país mais racista e hipócrita do mundo. Querem nos matar e usam a guerra oculta para isso. Vendem o país paradisíaco para o exterior, mas escondem de nós, a guerra da qual são os responsáveis.Querem paz, mas não querem se dedicar a solucionar o problema e nem ao trabalho que dá, para buscar essa paz.

E como diria Edu:

"Enquanto só no rádio do X nossa voz for audível, cresce a arte tumular e a paz segue impossível".

CAPÍTULO 6

*O privilégio branco e o reflexo
preto no espelho retrovisor*

Estamos no país da esquerdinha caviar. Dos tilelês playboys e patricinhas, que pagam de favela só pra comprar droga na nossa mão. Que fingem inclusão social e empatia, mas passam de nariz em pé, como se não tivesse ninguém esfregando o chão do corredor da Universidade Federal deles.

É a esquerdinha de rede social, que paga de "povo", que é feminista pra caralho e a favor do pixo, não faz ideia do porquê o pixo existir, mas faz questão de pixar com batón o banheiro das Universidades Federais, não fazendo sequer ideia de que a mão com esponja e desinfetante que vai limpar o pixo das revolucionárias de banheiro da Federal, é aquela mesma mulher, negra, que ela fingiu não ver esfregando o chão no corredor.

Feminismo pra quem? Só pra patricinha branca? Não existe feminismo para a estátua preta com vassoura nas mãos, que elas fazem questão de não cumprimentar?

Eu nem preciso dizer que o mundo é machista, nem precisa ser inteligente para entender, que nós homens, fizemos e continuamos fazendo um trabalho de imbecíl. Ainda bem que venho com o tempo, me desconstruindo, aprendendo mais sobre o universo das mulheres e olhando com a visão da empatia e, tentando me melhorar como ser humano. Mas também, não sou bobo e não fecho os olhos para a realidade.

Nas Startups que trabalhei, eu consegui ver muito de perto esse feminismo não inclusivo. Vi as "revolucionárias de banheiro da Federal", que quando ficam sabendo que caras iguais a mim tem projeto social, até choram na minha frente, dizem que sou uma inspiração, que nunca viu ninguém com história igual. Mas se esquecem que nunca procuraram saber a história da faxineira que limpa a mesa delas todos os dias. Elas pensam que a inclusão é cumprimentar a famosa "tia da faxina", com aquele olhar de dó, fingindo se diminuir, para arrancar sorrisos da preta que maneja o rodo e as garrafas de café. Elas não se atentaram ou fingem não se atentar, que na verdade, estão lutando por um feminismo branco. Ou seja, só consideram mulheres brancas na revolução delas.

Faça uma busca no *Google* sobre *Sojourner Truth* e vai encontrar a frase "Ain't I a woman? (Eu não sou uma mulher?). Truth perguntou isso para uma plateia de mulheres brancas, em um discurso improvisado, na convenção de mulheres em Akron, Ohio, em 1851. A ideia principal da história, é que as mulheres brancas estavam se organizando para lutar por igualdade em uma América escravista. Uma luta mais do que válida, porém hipócrita, já que quando perguntadas se iam buscar direitos iguais para as mulheres pretas, elas disseram que não poderiam misturar as coisas. Ou seja, antes de serem mulheres, são brancas que não estão lutando por equidade entre gêneros, estão apenas reclamando da pequena fatia que receberam do bolo chamado racismo estrutural.

Eu sei que existem várias frentes de mulheres negras e brancas, que entendem e trabalham a interseccionalidade entre cor, classe social, identidade de gênero, etc., e buscam uma melhoria para todas as pessoas. Sei que tem brancas que se compadecem e lutam por igualdade e justiça para todas as mulheres. Mas, como eu disse nos capítulos anteriores, estou falando da realidade que vejo, que ouço falar e que estudo. E também se as boas atitudes fossem maioria, não seria preciso falar. Não entenda como se eu estivesse generalizando a luta feminina, como se fossem todas as mulheres da mesma forma e estivessem todas na mesma caixa. Mas, nos meios em que vivo e presto muita atenção, não tem sido diferente, infelizmente.

O mesmo acontece no meio LGBTQIA+, que parece ser um movimento super unido e que está indo super bem, deixando negros iguais a mim com inveja de tanta evolução em tão pouco tempo. O que não mostram é que dentro do movimento, existem homens brancos portadores de pintos entre as pernas. Eles são a gasolina aditivada que faz o movimento andar tão bem. Eu cheguei nessa conclusão, usando um pouco de raciocínio lógico e me questionando sobre algo que ouvi o humorista norte americano *Dave Chappelle*, falando em um de seus especiais de *stand up* na *Netflix*.

Dave questionou a plateia: Por que o Bruce Jenner conseguiu mudar de sexo e o *Cassius Clay* não conseguiu mudar o seu nome, para *Muhamed Ali*? Resposta simples para uma pergunta complexa. Bruce usou a moeda chamada privilégio branco.

O movimento do arco íris se diz minoria, até o momento em que ele precisa ser branco novamente. Aí ele mostra as garrinhas e usa a moeda do privilégio para conseguir suas benesses.

Até na hora da revolução, nós negros somos o reflexo no espelho retrovisor do branco. Ou seja, a luta feminista está linda lá dentro da UFMG. Uma pena que não serve para as faxineiras pretas que estão lá mantendo tudo bem limpo para as patricinhas fazerem a revolução de banheiro delas.

A luta LGBTQIA + está linda. Uma pena que toda notícia de espancamento e morte de transexuais, a vítima em 90% das vezes é negra.

Se uma mulher é branca ela já tem a chance de se casar um belo dia. Para uma mulher preta, as chances de um homem assumir e andar de mãos dadas na rua, como o casal da novela que tinha a Camila Pitanga e o Gianechinni, são quase nulas. As mulheres pretas são vistas apenas como objetos sexuais. Nada além disso. Elas não são vistas para casar. Eu vi isso dentro de casa e também na casa dos meus amigos e vizinhos. A solidão da mulher negra é real se olhada de um viés crítico e sincero, já que são ensinadas a só terem olhos para o príncipe branco no cavalo branco que a Disney vende desde criança.

Nós homens, inclusive os negros, somos ensinados desde o útero de nossas mães a ver beleza somente nas mulheres brancas. Nós, homens negros, somos adestrados a pensar que "vencer na vida" é ganhar dinheiro, ter casa própria, carro do ano, iphone e uma mulher branca ao lado. Bem do jeito que o Pelé nos ensinou sobre o amor inter racial, que só é amor, quando a conta do preto tá lotada de dinheiro. Quando você tá de CG Titan 125, entregando lanches na chuva, você usa uma capa da invisibilidade. Agora quando você está de BMW X6, quem sempre fingiu que você não existe, quer fazer parte da sua vida.

Eu nunca vi e nunca vou ver, uma modelo rica, branca, linda a maravilhosa, assumindo um negro de periferia quebrado. Isso só acontece com traficantes, jogadores de futebol, pagodeiros, funkeiros, rappers e artistas no geral. Até nisso esse tipo de amor é falso. Estamos sempre à margem do branco. Somos sempre o reflexo em seu espelho retrovisor, quando o assunto é privilégio.

Olhe para o casamento da *Jojô Todinho,* que é uma mulher negra, favelada, funkeira, obesa e que ficou milionária no *Reality show A Fazenda.* O marido dela é um homem branco, militar, de porte atlético. Eles se casaram com 4 meses de namoro. Longe de mim querer definir o amor dos dois, pois não os conheço pessoalmente. Mas também não sou cego e nem idiota. Basta se perguntar quantos casais você já viu com as características que descrevi acima. Eu creio que dentro de algum tempo, o militar que casou com ela vai se revelar.

Se você é um homem negro, pobre e flutua pelo universo branco, nas baladas estilo *Chalezinho, Green Valley, Shad,* etc... Você está indo em um lugar, assistir um monte de *playboy* comum, padrão, pegar um monte de patricinha, branquinha e lindinha com calcinha de *tutty-frutty.*

Em 90% das vezes, vão restar as mulheres brancas e acima do peso, que querem algo com um negro, porque elas também são invisíveis no mundo branco hétero cis. Elas são a "escória" da sociedade branca, por isso elas se sentem deslocadas e procuram os deslocados nos rolês. Por favor, não me veja como um gordofóbico, eu só quero mostrar uma realidade que sempre ficou exposta na minha cara.

Várias vezes eu estava em um rolê e vi as gordinhas sobrando para os negros. Quando você vê um casal inter racial, em sua grande maioria, o homem tem o corpo que o sistema padroniza como perfeito e a mina está acima do peso. Mas isso só acontece se o cara for pobre. Se ele for rico, aquelas patricinha da calcinha de *tutty-frutty* vão querer o negro rico. Elas passam a nos enxergar, quando temos dinheiro e fama. Quando você é um negro rico, você é quase branco. Quando se é um negro de periferia, somos feios e atrasados na visão dos privilegiados.

O mais interessante do casal pobre e inter racial, é o desejo de cada um deles. Ela que está acima do peso e com o corpo completamente fora do padrão que o mundo enfiou goela abaixo, sonha com o corpo sarado, por isso ela busca isso em um homem. Uma pena pra ela, que o branco, hétero e sarado, tá pegando as brancas de corpo sarado da academia dele.

O negro pobre de corpo sarado, sem informação ou sem

se desconstruir do mundo colonial ao qual foi imerso desde que nasceu, sonha com a pele branca. Muitas vezes, ele acha que é branco, até se chama moreno e sonha em conseguir se casar com uma mulher branca. Ao ver a gordinha, que é a escória do rolê branco "héterotop", o negro vê a oportunidade de pegar uma mulher branca, ela vê a oportunidade de pegar um cara com o corpo sarado. É tudo que os dois sonhavam em seus subconscientes. Daí vem o match.

O relacionamento de escórias da sociedade acontece. A parte interessante disso é que nenhum dos dois consegue enxergar o que realmente aconteceu no mundo, para que os dois estivessem ali juntos. Eles acham que é o amor que os uniu. Não conseguem identificar que pra eles, quase não restou outra alternativa, já que o negro tá afundado na ideia de que mulher pra casar tem que ser branca e ela tá mergulhada na ideia de que precisa de um cara de corpo sarado. Por fim, os dois entram naquele dilema : "bom… Não conseguimos toda a barra de chocolate, mas pelo menos estamos levando um quadradinho".

Sem dúvidas, pode existir amor entre duas pessoas assim, mas o que faz eles ficarem juntas é essa assimetria oculta. E se o amor inter racial pobre é engraçado, o que tem o personagem preto rico é ainda mais.

Em sua esmagadora maioria das vezes, esse tipo de amor vai ser no estilo Amaral, ex jogador do Palmeiras e aquela loira que se casou com ele e disse que era tudo amor. Não se vê loiras daquele "porte" com "Amarais" pobres nas ruas do país. Da mesma forma, você também não vai ver a mulher branca, de corpo sarado com um cara gordo, negro e pobre. Mas o contrário você vai ver. Aquele amor que citei anteriormente da mulher branca gordinha e do negro pobre, mas de corpo sarado.

Esse tipo de amor também lembra muito o da Marcela Temer e do ex- presidente bandido do Golpe do Brasil. Marcela Temer, jovem, 33 aninhos, bela, recatada e do lar. Ele, 76 anos de puro vampirismo político. Segundo ela, o que mais ama nele é a inteligência. Eu nunca vi uma Marcela Temer da vida, com um velho de 76 anos na periferia. Esse tipo de amor não existe.

Eu fico imaginando uma mulher do porte da Marcela Temer, na fila do posto de saúde do meu bairro, com um senhorzinho de 76 anos, com aquela tosse de triagem de UPA. As pessoas perguntando o que o avô dela tem e ela tendo que explicar que não é o avô e sim o marido dela.

O amor é algo inexplicável, eu sei disso. Mas essa Marcela Temer tá me tirando! Na moral.

Fica uma pergunta no ar:

O que os tipos de amor mencionados acima, tem a ver com o privilégio branco e o reflexo preto no retrovisor?

O objetivo foi mostrar as variações de casais que "acontecem" devido ao privilégio branco. Branco vai se casar com branco. Simples assim. Para um branco se casar com uma negra, essa negra tem que ser uma artista ou atriz famosa. Casamento antes de ser amor, é um contrato social em que as partes dizem construir uma vida juntos e os frutos disso, bem como o que o casal herdar de seus pais, serão divididos entre as próximas gerações. Mas se você vem de uma família preta, vai saber que seus ancestrais foram libertos a menos de 130 anos e o resultado disso é o esgoto que escorre no beco da favela que você mora. Você herdou apenas opressão.

O mesmo acontece com a mulher branca que casa com o homem negro. O cara precisa ser rico ou famoso, para se apresentar "quase branco".

Certa vez, uma das patricinhas que trabalhavam comigo nas Startups, me deu indício que queria algo comigo. Eu já sei o tipo de "algo" que ela queria. Ela queria sentar no meu colo.

gozar e seguir a vida dela, sem que ninguém percebesse e ficasse sabendo do ocorrido. Já conheço essa história e não é de agora.

Quando começamos a conversar, ela me disse que pensava que eu achava ela uma patricinha escrota. Ela não estava errada, eu realmente achava isso, mas como o meu objetivo também era só sexo, eu disse que não. Sim, sou humano e um grande jogador no que vocês chamam de vida.

Eu já sabia que ela só queria usar o meu "corpinho", exatamente igual a todas as outras mulheres brancas e patricinhas que transaram comigo. Elas só querem realizar o sonho que os filmes pornôs venderam pra elas. Querem ver um corpo preto penetrando elas, sentir o nosso calor, gozar na nossa língua e no nosso pau e depois seguir a vida, como se nada tivesse acontecido. Inclusive, já aconteceu de eu transar com uma patricinha na noite anterior e no outro dia, ela passar por mim no corredor, com o mesmo nariz em pé que elas passam frente à faxineira na Federal.

Conversamos durante alguns dias pelo Instagram e no dia que marcamos, ela me mandou uma mensagem e "deu pra trás". Segundo ela, o seu ex namorado estava querendo voltar com ela e eles estavam conversando. Até aí, nada demais. O problema é que ela esqueceu que tenho amigos que também são *playboys*, que inclusive, já tinha pegado ela antes. Uma semana depois que ela disse que estava pensando em voltar com o ex, ela convidou um dos meus amigos *playboys* pra ir na casa dela, porque seus pais estavam viajando. Advinha qual era a cor do cara?

Ele me disse que foi na casa dela. Uma mansão no bairro Mangabeiras aqui em BH, e fizeram tudo o que tinham que fazer. Fiquei me perguntando sobre aquela situação. É claro que ela não ia me chamar pra ir na mansão dela. Já imaginou um negro, favelado, chegando de moto, na madrugada em uma mansão no Mangabeiras? É pane na segurança armada e nos especialistas.

Ela queria o meu corpo, só não queria que alguém visse aquela situação. Acho que ela não conseguiria explicar para os pais, ainda que fosse uma simples amizade entre nós. Eu duvido que um negro ou negra já entrou naquela mansão, sem o objetivo de limpar o chão, servir bandejas, abrir portão ou lavar as calcinhas podres dela.

Estamos no espelho retrovisor do branco por isso. Não podemos acessar o lugar deles, a não ser para servi-los. E eu ainda nem estou falando das vagas das Universidades Federais, dos órgãos públicos, dos cargos de chefia nas multinacionais e nem da quantidade de CNPJ com sobrenome de branco. Tampouco estou falando dos MBA's e das vagas na FGV que são apenas para eles.

Se você observar bem, o racismo institucional e estrutural serve exatamente para manter o privilégio do branco bem no lugar. Afinal, a máxima "escravo e dono de fazenda não sentam na mesma mesa" é uma realidade. Não se pode sentar na mesa do dono da casa do Mangabeiras e comer, de igual pra igual com ele. Você pode ser o que prepara a comida e lava as louças, nunca o que se senta e come de igual pra igual com eles.

Fico pensando o quão fácil foi para o *Donald Trump* manter a família dele bilionária. Ele me vem com o falso discurso da meritocracia, quando na verdade ele tem por obrigação manter a família dele bilionária. Fácil demais chegar na corrida de Fórmula 1, de Ferrari e saindo na Pole Position de dobradinha com o seu parceiro de equipe.

Como eu sempre estive envolvido no meio do empreendedorismo, sempre li muitos livros de autoajuda, dos ditos gurus que "venceram na vida". Os famosos empreendedores de palco. Várias vezes, quando você se enfia nesse universo, você passa a conhecer a verdadeira história do CEO branco, que tem livro publicado e se vende como vencedor.

Li *best sellers* de caras que contaram suas histórias cheias de dificuldades, no ponto de vista deles, e que todo o mérito do empreendimento é dele, por puro merecimento e dedicação. E eles bradam aos quatro cantos do mundo, que todo mundo tem as mesmas condições para conseguir fazer exatamente igual a eles.

Várias vezes lendo a história dos empreendedores brancos, vi situações em que eles diziam que para colocar a ideia deles em prática, tinha que vender o carro, o apartamento, pegar dinheiro com a avó emprestado ou com os pais. Eu sempre me perguntava: Caramba! Essa que foi a dificuldade dele? Pedir dinheiro pra avó emprestado? Vender o apartamento e morar de aluguel? Vender o próprio carro? Pedir dinheiro para o pai? Eu sempre pensava: "*White people problem*", o famoso problema de gente branca. Eu me comparava com as situações e ficava abismado.

Como assim o pai desse cara tem dinheiro para emprestar ele, para que ele possa investir em seu sonho de mudar o mundo? Na verdade, como assim esse cara tem pai? Até porque, caras como eu vem sem o sobrenome do pai no RG. Quando vem com o nome do pai impresso na cédula de identidade, não faz a mínima ideia da onde o cuzão foi parar.

Pedir dinheiro para a avó? Como eu vou pedir dinheiro para a minha avó? Eu descendo de escravizados amigão! Sou favelado. Minha avó morreu cedo. Não teve saúde para aguentar as humilhações que passou para sobreviver em sua breve estadia no planeta azul. Ela dependia do SUS, morreu de doença de pobre, sem pensão, sem aposentadoria e cheia de trabalho pra fazer na semana de sua partida.

Vender o meu apartamento e ir para o aluguel? Meu querido. Preto pobre tem como padrão, viver de aluguel ou de favor. É o mesmo que soltar *pit bulls* atrás de você assim que você nasce. Isso tem um significado impressionante quando você consegue pensar fora da caixa sobre esse assunto. Correr dos cachorros desde a infância te faz entender que é preciso dinheiro para sobreviver por aqui e é o que me fez olhar carros com 8 anos de idade.

Me desculpe empreendedor vencedor de palco. Preto favelado, não tem casa própria em sua grande maioria. Não se pode vender o lugar que não é seu. Quem descende de escravizados, trocou mão de obra por teto e água limpa para beber. As capitanias hereditárias deram a oportunidade do branco privilegiado ter um apartamento antes da hora, e pra isso, poder se desfazer dele e ir para o aluguel, enquanto cria um unicórnio que vai mudar a história das próximas 10 gerações de sua família. É o famoso um passo pra trás, pra dar dez passos à frente. Assim é fácil empreender!

Vender o carro? Carro a gente tem acesso ao famoso "tumultinho". Carro velho, fodido, sem documento ou somente com o recibo pra mostrar pra polícia, enquanto você reza 100 Ave Marias para o guarda não rebocar seu amontoado de latas, com o interior fedendo a gasolina. Ou então, o famoso Palio financiado em um milhão de vezes, que você tem que rezar para não fundir o motor, porque não se pode pagar prestações de mil reais e consertar motor de carro, morando em periferia e trabalhando em subemprego.

Conseguir dinheiro da forma como o privilegiado faz é fácil demais. Na moral. Quero ver é quando você tem que "pular muro para buscar o rango de hoje". Tenho certeza que esses caras não fazem ideia do que é não saber o que vai comer amanhã. Não saber se vai conseguir dinheiro para suas necessidades básicas.

No momento que estou escrevendo este livro, trabalho por conta própria e estou passando por uma fase muito legal de ansiedade e visão do futuro em meus negócios. Mas confesso que quando vejo ou leio histórias de empreendedores privilegiados, percebo o quão atrasados, nós negros estamos em relação as facilidades para se ter um negócio, em um sistema projetado para o privilegiado vencer. É a troca de favores entre eles, conhecida como narcisismo branco.

A esmagadora maioria dos empreendedores brancos que conheço pessoalmente ou que contam suas histórias de sucesso nos livros de autoajuda, falam que é quase impossível empreender no Brasil, que os impostos acabam com o empresário, a burocracia, etc. Eles não estão errados. Somos um dos países que mais paga imposto no mundo. Mas meu amigo, vou te contar uma coisa. Isso só mostra o quanto esses privilegiados não fazem ideia do que é ser pobre e preto no Brasil. Basta pensar toda essa dificuldade para se viver o básico. Toda essa dificuldade que o privilegiado viu no empreendedorismo no Brasil, pode ser levada a risca na vida pessoal do negro de periferia.

Impostos e burocracia? Tá de sacanagem comigo meu anjo?!

Um negro de periferia sofre o mesmo calor do mormaço dos impostos e burocracias da máquina estatal, só que pagar e não ver o retorno na base é ainda mais doloroso. Sem contar que com o subemprego e o salário de fome, fica ainda mais notável o quão quente é este mormaço. Além disso, também sofremos com o racismo estrutural em todas as suas vertentes, econômica, cultural, educacional, social, psicológica, etc., e também com o racismo institucional, que está impregnado na segurança pública, na área da saúde e na política.

Você vai entender o que é imposto e burocracia quando sua mãe lavar roupa de patricinha em um bairro distante do seu, pra ganhar míseros novecentos reais, que com os descontos, vai pra setecentos reais livre. Quando ela precisar agendar uma ressonância magnética para o joelho no SUS. Toda a dificuldade que os ditos empreendedores privilegiados dizem passar no Brasil, a pessoa de pele preta e favelada, passa em toda a sua vida. Desde o momento em que saem dentre as pernas da mãe solteira.

Eu vi um empreendedor privilegiado dizendo que foi muito difícil pegar a empresa do pai e fazer ela dar lucro. Me ajuda aí amigão! Eu tenho que me preocupar todos os dias se vou ser assaltado pelo meu semelhante ou se vou ser morto pelo policial que finge me proteger do meu semelhante.

Eu não tive tempo de me preocupar com impostos, burocracias governamentais, quadro de funcionários ou grana no caixa. Sempre tive que preocupar em conseguir dinheiro, ajudar a minha mãe, estudar da forma que dava, passar dos 25 anos de vida e não ser preso. Diferente da esmagadora maioria dos meus amigos de infância, que não tiveram a mesma sorte que eu.

Se você nasceu branco, você já tem o privilégio de ser parado pela polícia, no mínimo 5 vezes menos do que eu. Isso se você for parado pela polícia alguma vez na vida. Igual o meu ex sócio que foi parado apenas uma única vez na vida. Eu não queria ter que lembrar, mas ele é loiro e tem olhos azuis. Já eu, não tive a mesma sorte e a primeira vez que fui "parado pela polícia", eu tinha 9 anos, estava correndo no bairro e o PM me derrubou no chão, alegando que eu não podia correr daquele jeito.

Será por que eu não posso correr pelo bairro, se eu sou apenas uma criança? Só fui entender depois de velho. Só entendi porque uma criança negra não pode correr em um bairro da periferia, porque ele é "confundido" com um ladrão. Eu vou colocar entre aspas para não correr o risco de você achar que eu acredito que a polícia "confunde" a gente com ladrão.

Quando guarda chuvas, vassouras e furadeiras viram fuzis na mão de preto nas favelas do Brasil, a polícia não está confundindo nada. Ela está cumprindo o papel imposto pelo Estado, que é: dizimar a população negra e pobre. Você nunca vai ver o filho de um juiz, branco, sendo fuzilado no Buritis. E nem vai ver o parabrisas de um carro de branco com 80 tiros sequenciais. Você também não vai ver uma advogada branca, sendo algemada em uma sala de audiências, porque estava pleiteando o direito que a Constituição Federal dava para o seu cliente.

Existem coisas que acontecem somente com pessoas de pele escura e pobre. Se você é branco, automaticamente já tem menos 75% de chance de morrer do que eu. Ou seja, para cada 4 mortes com arma de fogo, 3 são pessoas negras. Se você é branco e de classe média, você está ainda melhor na escala.

Quando você nasce em um mundo como o nosso e tem a pele branca, já significa que você não vai ver o seu semelhante desnutrido no continente que foi mais explorado no globo. Você também não vai ver a religião do próximo, indo até a sua religião e quebrando seus templos, suas estátuas e tudo o que você acredita, alegando que aquilo é coisa do demônio.

Quando se observa usando as lentes da empatia, não precisa ser inteligente para entender que existe um privilégio em ser branco e uma chaga muito grande, um fardo muito pesado em ser negro.

Quando você é negro, as pessoas brancas sempre desacreditam de você e as negras também, porque elas foram condicionadas a pensar que não somos inteligentes o bastante para fazer algo grande. Olham pra você com um ar de superioridade, questionam coisas que são completamente intrínsecas somente a você e você sai como o errado, como o louco e como o mimizento do bagulho.

Ser negro e pobre no Brasil é não ter voz e se você é desinformado, você já passa a utilizar uma capa da invisibilidade. Ninguém quer ouvir o que o catador de latas está passando. Ninguém quer parar e conversar com o noiado na cracolândia. Eles não produzem e nem ostentam o que os humanos buscam, para tapar os buracos de infelicidade em suas almas sujas.

Ser negro é constantemente ter que provar para você

mesmo e para os outros que você é tão capaz quanto qualquer outra pessoa. Seja ela branca, amarela, preta ou rosa com bolinhas roxas.

Existem situações que precisam ser consertadas ainda. Nós negros, no momento em que devemos ser aplaudidos de pé e condecorado com medalhas, não recebemos igual tratamento.

Existem mais de 10 combatentes negros, das mais diversas guerras da história dos EUA, que nunca sequer receberam uma Medalha de Honra. Lembrando que é necessário vários fatores para se ganhar uma medalha de honra. O ato de bravura precisa ser tão foda, que na grande maioria das vezes, quem recebe a medalha são os familiares, já que o responsável pelo ato heróico não volta mais para este plano. Vários negros, na história das guerras em que os EUA estão com o nariz enfiado, mereceram a Medalha de Honra e alguns sequer puderam ser enterrados no mesmo cemitério que os veteranos e os mortos em guerras.

Estamos falando da nação que o privilégio do branco é tão concreto e o racismo tão estruturado, que se você fosse negro e lutasse na segunda guerra mundial por exemplo, você precisaria ceder o seu lugar no trem para um Alemão que fosse prisioneiro de guerra poder viajar sentado e você em pé. Nada diferente do que acontece no Brasil.

O genocídio do negro no Brasil é algo hipnótico aos olhos do mundo. Somente os privilegiados ou hipócritas, fingem não ver isso. Quando um ser que se diz político, quebra a placa da rua onde está escrito *Marielle Franco* e exalta o nome de um torturador do tipo *Coronel Brilhante Ustra,* ele é apenas um racista hipócrita, expondo todo o expurgo que é a sua alma.

Quando pessoas que compactuam com este mesmo tipo de ser, vibram a morte de um favelado que estava com um fuzil nas costas, enquanto corria da chuva de balas do helicóptero da polícia e, é alvejado sem chances de se defender, o problema não está no favelado correndo da chuva de balas. O problema está na pessoa que enxerga no negro com bandoleira e um fuzil de uso exclusivo das forças armadas, como o mau do Brasil.

São as mesmas pessoas que esperam o Eike Batista chegar dos EUA no aeroporto, para fazer selfies com um dos maiores bandidos desse país. Já parou para imaginar quanta grana esse bandido desviou, juntamente com a corja de bandidos de gravata e terno Armani que se diz estar preocupado com o povo?

Dizem que o golpe que *Eike*, juntamente com o bandido do *Sergio Cabral*, ex Governador do Rio de Janeiro, foi algo perto de 340 milhões de reais de desvio. Já parou para pensar no peso de 340 milhões desviados dos cofres públicos? A pergunta que se tem que fazer é: O que causa mais estrago para o país? O favelado com o fuzil na bandoleira que foi alvejado pelo helicóptero da polícia, que as pessoas se abraçam e comemoram como um gol de final de campeonato, ou o desvio de 340 milhões de reais dos cofres públicos?

Já imaginou a quantidade de creches que se pode fazer com uma quantia dessas? Qual a quantidade de remédios que o SUS poderia comprar? Qual a quantidade de faculdades que poderiam ser criadas nas periferias por exemplo?

Eu não estou falando que o favelado que tá com o fuzil na bandoleira está certo e é um anjo. Não é isso. O que quero mostrar é onde as câmeras dos jornais mostram como ervas daninhas do país, como as pessoas caem no conto do vigário de acreditar que o problema do Brasil, é um favelado com um fuzil Russo nas mãos, ao invés de se preocupar com os 513 deputados bandidos que temos lá em Brasília, os Senadores, Governadores, Prefeitos, Presidentes, Juízes, Desembargadores, Policiais de todas as esferas, Coronéis, Delegados, donos de grandes corporações como *Samarco, Andrade Gutierrez, Odebresch, BMG*, etc... Todos eles, em sua esmagadora maioria, brancos e privilegiados.

Como eu já disse antes: não se pode utilizar tesourinha escolar sem ponta, para cortar pés de jatobá, começando em suas extremidades. O mal se corta pela raíz. Porém, os donos do Brasil são brancos e privilegiados e partimos do princípio que time que tá ganhando não se mexe.

Dessa forma, é mais inteligente para eles nos colocar como o cancro do país das maravilhas. Os jornais estampam suas capas com notícias de roubos de celular, tráfico de drogas e homicídios. Estampam a pele preta no jornal e escondem os verdadeiros bandidos desse país. Aí o brasileiro apenas replica o que a mídia adestra.

Uma mídia manipulada e um estado democrático de direito, racista em sua estrutura e instituições, sem sombra de dúvidas, vai gerar um desconforto na sociedade e as lentes das câmeras sempre vão apontar o negro como o mau do país. Sempre vão colocar como culpado, o favelado com uma pistola com pente alongado. Eles não querem colocar estampado na capa do jornal, a cara de um *Sérgio Cabral* por exemplo. Ele é rico, influente e branco e, embora tenha tomado mais de 180 anos de prisão em seus mais de 15 processos, ele segue tendo uma vida de rei dentro da cadeia, com TV 60 polegadas, vinhos e queijos caros, visitas de sua esposa que ele carinhosamente chama de "Riqueza" e cestas de chocolate. Ele tem a vida assim porque tem muito dinheiro a perder para o sistema. Dessa forma, todo mundo ganha, menos é claro, as pessoas que se parecem comigo. Mesmo ele estando preso, sem dúvidas, tem a vida melhor do que 90% das pessoas que estão trabalhando de forma honesta para ganhar um salário mínimo e se acham libertas quando conseguem tomar uma cerveja a noite.

Se for pra estampar a cara no jornal, tem que ser do Zé ninguém de pele preta e sobrenome Silva. Provavelmente, o máximo que ele pode ser é um funkeiro e pai de família mesmo.

Manipular a mídia em um país racista, de forma estrutural e institucional, é um golpe contra a vida de quem está do lado fraco da corda, também conhecido como periferia, consequentemente, negros em sua maioria.

Com todo negro ou negra que converso, todos sem exceção de nenhum, teve dificuldades na infância em dar o seu primeiro beijo. Todos foram unânimes ao dizer que os amigos e amigas brancas, beijaram bem antes deles. Comigo não foi diferente e o meu primeiro beijo, foi na menina considerada a mais feia da rua. Adivinha qual a cor da menina?

Nada pode ser mais cruel do que roubar a auto estima de uma criança. Sem dúvidas, tenho certeza que vários dos meus amigos e amigas de cor, até hoje sentem dificuldade em se relacionar, ainda mais quando são pessoas não negras. Nunca soubemos nos amar, tampouco o que é ser amado. Roubar a auto estima de uma criança, é fazer ela se olhar no espelho desde sua infância e se odiar, a partir do momento que ela consegue entender o que dizem ser bonito e feio.

Todas as meninas lindas da minha sala de aula, sem exceção, eram brancas. Ao contrário quando o concurso era das mais feias. Sempre escolhiam as negras. Quando o racista consegue fazer você que é negro, se enxergar como feio e somente eles como bonito, ele conseguiu roubar, mais uma vez, diga-se de passagem, o bem mais precioso que um negro pode ter. Nem mesmo nossa liberdade é tão preciosa quanto a nossa mente.

Tenho amigos negros que são racistas em todas as suas falas e formas de agir e, isso não faz com que o racismo seja praticado pelos negros. Isso só prova o quanto o racismo estrutural, institucional e midiático é efetivo. O trabalho do racista é tão perfeito, que é o mesmo que convencer cadeirantes de que as ruas, lugares públicos, empregos e pessoas, dão acessibilidade para eles e os tornam mais iguais, mesmo com suas diferenças físicas. E o pior, além de convencer você, também conseguem criar cadeirantes que reproduzem o mesmo discurso.

Eu não quero comparar um negro a um cadeirante, são esferas completamente diferentes. O que eu quis comparar é que algumas pessoas acham que só porque ela vive em uma bolha, que deu "certo" pra ela, automaticamente todos vão dar certo. As coisas são bem mais embaixo quando passamos a enxergar o contexto geral e não somente o que acontece na nossa rua ou no nosso bairro. Olhar dessa forma é enxergar a exceção e passar a usar ela como regra.

O privilégio branco é algo que está nas entrelinhas também e, é preciso ser taxado de louco ou mimizento para conseguir expor esse privilégio. Somente os loucos, os sensacionalistas e os quadrados, conseguem ver as nuances e expor da melhor forma possível. Da mesma maneira, não é simples uma pessoa branca entender que ela realmente é privilegiada, ainda mais se esse branco também for pobre e tiver lutado muito para "vencer na vida".

E nessa esfera o negócio fica ainda mais difícil de explicar, já que para que aquela pessoa tenha empatia e passe a imaginar a situação na pele preta, ela precisa deixar o super ego dela de lado e começar a pensar nos números alarmantes, afinal, ela é uma "vencedora" com os próprios punhos, conseguiu chegar no final da linha de chegada que tanto insistem nos enfiar goela abaixo.

É por isso que cada dia que passa e eu venho me dando melhor na vida, me diminuo como humano insignificante que somos, a ponto de me colocar na pele dos outros que não puderam viver o que estou vivendo, já que a vida deles foi interrompida antes dos 25 anos de idade, por diversos fatores que se fossem todos escritos em papéis, teríamos milhões de diários de *Anne Frank* no Brasil.

Sabe por que eu faço isso? Simples. Em primeiro lugar,

para mostrar que sou um ser humano normal e não sou melhor do que ninguém. É importante sempre estarmos cientes do quão insignificantes somos como seres humanos, dessa forma, passamos a tratar qualquer pessoa de igual pra igual, ainda que ela não tenha nada para te oferecer. Em segundo lugar, para provar que eu sou apenas uma exceção à regra. Eu dei sorte. Sou um ponto fora da curva. Não é só mérito o que aconteceu na minha vida. Digo isso porque os outros 14 colegas de escola, dos 17 que andavam juntos, estão embaixo da terra. Alguns a família não teve dinheiro nem pra comprar caixão e teve que ser enterrado em caixa de maçã doado pela prefeitura.

O branco e privilegiado deveria fazer o mesmo. Devia se colocar no lugar do negro e, os homens por exemplo, fazer um cálculo de quantos enquadros da PM ele já tomou ou quantos amigos brancos dele foram assassinados, seja pela polícia ou por bandidos.

Ele deveria olhar para os números que mostram que um negro tem 3 vezes mais chances de ser assassinado do que ele e que a nossa expectativa de vida não passa dos 25 anos de idade em uma periferia. Ou então se perguntar por que será que toda bala perdida, acerta somente crianças negras e nunca crianças brancas nos condomínios fechados? Lugar que por sinal, eu tenho certeza absoluta que tem muito mais crime do que qualquer periferia, até porque, o branco e rico, tem certeza que não vai ter a sua mansão invadida e revirada pela polícia, para quebrar as paredes de sua mansão e encontrar os milhões de reais, dólar e Euro, que foram desviados da verba da educação no ano anterior. Ou então, tipo o amigo do Bolsonaro que matou a vereadora Marielle Franco e tinha 150 fuzis dentro de casa, que por sinal, é dentro do mesmo condomínio em que mora o presidente da república. Você não acha isso estranho?

No caso das mulheres brancas, tirem o ego da frente da empatia e passem a olhar ao seu redor. Passem a olhar quantas mães solteiras são negras e quantas são brancas. Procura no meio das suas amigas, qual delas engravidou na adolescência. Procure virar um pouco o pescoço, para identificar quem são e qual é a cor das mulheres que sempre limpam o chão que vocês pisam com tanta vontade, para lutar contra o machismo nas faculdades. Procure saber quem é a mulher que limpa o banheiro que vocês picham na faculdade, falando sobre mulheres livres, revolução feminina e ser dona de si. Quero deixar muito claro, que concordo com toda a causa feminista que luta pelo direito de todas as mulheres. O que estou pedindo para as mulheres brancas, é apenas olhar para a causa que elas estão lutando e tentar identificar se é feminismo mesmo ou se é apenas feminismo branco para manutenção de privilégios e atitudes colonialistas. Lá no chá do sagrado feminino com as suas amigas, a empregada também senta no sofá para trocar experiências ou ela apenas serve o chá e vocês fingem revolução bairrista?

Quando falamos de privilégio branco estamos falando de uma esfera muito grande. Estou falando das lojas da Savassi que contratam somente pessoas brancas, estou falando do BH Shopping, onde pessoas brancas em sua esmagadora maioria, estão comendo nos restaurantes, comprando nas lojas, aproveitando o dia de semana e pessoas negras são os seguranças, faxineiros, pedreiros, etc...

Quando falo do privilégio branco e o reflexo do preto no retrovisor, eu volto lá na minha infância e lembro que eu tinha 8 anos de idade e já olhava carros na feira, pra ganhar um troco. Tenho certeza absoluta que 100% dos meus amigos brancos não precisaram fazer isso. Eu fui aquela mesma criança que quando você estaciona o seu carro, passa por ela como se fosse invisível. Aquele que você fecha na cara ou sequer abre o vidro no semáforo, de tanto medo e estereótipo que foram enfiados na sua cabeça. Você prefere apenas acompanhar o vidro fechando e os gestos mudos do outro lado.

Meus amigos brancos estudaram no Colégio Santo Agostinho, Magnum, Coleguium, etc... Aqueles colégios que a criança aprende duas línguas, tem natação, e ensino de verdade. Na escola que eu estudei na quarta série, por exemplo, nem tinha porta, faltava carteira para todos os alunos e todas as aulas de artes eram no chão. Quando chovia, molhava a sala toda e os pobres professores recebiam mal para tentar ensinar algo.

Meus amigos brancos nunca sentiram na pele, o que é ter o segurança da loja te seguindo e passando as suas características de roupa no rádio, não vão saber também o que é entrar em uma loja, o gerente te olhar de cima em baixo e com aquela cara de nojo, virar as costas pra você.

Se você é branco, as senhoras não vão segurar a bolsa mais forte ou vão trocá-la de lado por avistar você caminhando na direção dela. Outra coisa que também não vai acontecer é você estar andando no bairro Mangabeiras e o segurança da rua te parar e não deixar você seguir e ir no mirante.

Se você é branco, vai sempre se sentir representado nos jornais, o galã da novela sempre vai ser da sua cor, o apresentador de TV do programa de domingo e de todos os outros também. Você vai se acostumar a olhar para o lado em uma universidade federal e encontrar alguém da sua cor, vai ter mais facilidade para conseguir um emprego, porque privilégio branco é moeda de troca. Outro ponto interessante, é que ainda que você seja um incopetente, você tem grandes condições de conseguir trabalho de gerência em multinacionais ou grandes startups. Tive chefes que era o seu primeiro emprego e ele tinha quase metade da minha idade.

Se você é negro, não vai acontecer nada disso com você. O galã da novela sempre sendo branco, vai te dar de presente a possibilidade de ser o último do seu grupo de amigos a beijar alguém na adolescência. Você vai olhar para as bailarinas do

Faustão e vai ver apenas 2 negras, no meio de 40 mulheres. Se você chegar a entrar em uma universidade federal, vai se deparar com um monte de branco privilegiado que vão te olhar com cara de que você não deveria estar lá. Se o curso for Direito ou Medicina então, piorou. Você vai ter mais dificuldade de arrumar empregos e o pior, vai ver pessoas brancas ocupando cargos que você faria o trabalho 10 mil vezes melhor.

Cansei de entrar em empresas e me deparar com supervisores e gerentes que estavam lá porque eram parente ou amigo de infância de alguém grande na empresa, automaticamente, esse alguém era branco. São entrelinhas bem específicas.

Se você é branco e de classe média, já nasce blindado contra a polícia. Você tem o artifício da famosa frase: "você sabe com quem você está falando"? E o pior de tudo, o policial vai pensar 100 vezes antes de te levantar a mão. Me lembrei de um episódio em que um *playboy* gritou para o policial: "aqui é Alphaville seu bosta! Você é homem lá na favela, pisa na minha calçada pra você ver! Eu vou ligar para o secretário de segurança pública aqui pra tirar esse bosta e essa piranha da frente da minha casa". O arrombado que gritou isso com o policial e a policial feminina, estava esbravejando porque havia agredido a esposa e ela tinha chamado a polícia.

Entendeu o que é privilégio branco e o porquê dele ser uma moeda de troca? Quem é o negro dentro de uma periferia que tem o telefone do secretário de segurança pública, para ligar e avisar que a polícia invadiu a sua casa e assassinou a tiros o seu filho de 14 anos, igual aconteceu no caso João Pedro, em maio de 2020 em São Gonçalo/RJ?

Se você é branco, você também vai poder ir para as festas *rave* e encher a cara de todas as drogas sintéticas e não sintéticas que existem. Nunca vai chegar um pelotão da PM batendo em todo mundo, com muito ódio e covardia, como acontecem nos bailes funk nas periferias. E se você for idiota o bastante para imaginar que isso acontece somente por causa da música funk e o uso de drogas, significa que você nunca foi em uma calourada universitária.

Se você for branco, você tem o direito de fechar as ruas no entorno do campus da sua faculdade, atrapalhando o trânsito, colocando carros com som e usando drogas na porta, sem nenhum problema. Bem da forma como a FUMEC faz aqui em Belo Horizonte. A polícia até vai lá, mas vai lá para dar proteção para os pintinhos dos ditos "bem sucedidos cidadãos de bem".

Você não vai morrer pisoteado porque um bando de PM covarde está batendo em você e nos seus pares, dentro de um beco escuro nas periferias do Brasil, como fizeram covardemente em Paraisópolis, resultando na morte de 9 jovens.

Seu carro nunca vai ser fuzilado com seus amigos dentro, com a famosa desculpa do "fura blitz" se você for branco. Pode reparar. Você nunca vai ver uma notícia de carro fuzilado pela polícia ou exército, com corpos brancos desfigurados em meio aos cacos de vidro e bancos. Essa notícia sempre vem com a foto de pessoas negras. Esse é o maior exemplo de racismo institucional e estrutural que temos.

É interessante tocar no assunto dos bailes funk para expor o racismo estrutural e institucional. Se voltarmos no tempo, conseguimos comprovar que o problema não são os bailes funk dentro das comunidades. O problema é o racismo na estrutura do sistema. Eles querem humilhar e matar pessoas negras da periferia.

O problema é o mesmo de sempre, que foi enfiado na cabeça da Instituição Polícia, que falava no passado por exemplo, que Capoeira era uma atividade criminosa, para que os capitães do mato fardados fossem até os escravizados que estavam nas rodas, para humilhá-los, torturá-los e matá-los. Fizeram o mesmo com o samba, o funk e o rap, dizendo que era som de bandido. Eles perseguiram, prenderam, humilharam e nos mataram. Tudo isso foi feito para hoje eu ver o Diogo Nogueira, o Ferrugem, MC Hariel, o Matuê e o Costa Gold, ganhando mais dinheiro do que quem morreu por inventar a música que eles cantam. Nada de errado neles cantarem, a minha crítica é ao mercado e quem finge fechar os olhos para isso.

O mesmo problema que fez *Martin Luther King Jr* marchar com mais de 200 mil pessoas até *Washington*, para cobrar do país da "liberdade", a liberdade dos negros, de poder pegar o ônibus e assentar em qualquer lugar que não seja no fundo do busão, de poder sentar nas lanchonetes e comer nas mesas onde todas as pessoas comem, enfim, de ter os mesmos direitos civis, garantidos na Constituição do país e dos estados.

Quando *King* marchou para a cidade de *Selma*, ao chegar na outra extremidade da ponte, encontraram o pelotão de porcos fardados, comandado por *Bull Connor* (um racista declarado, dos mais perversos do país do *Tio Sam*). King e os outros manifestantes; dentre eles, crianças, senhoras e senhores com mais de 60 anos, pastores e personalidades negras, ao se depararem com o pelotão de carniceiros, apenas disseram que queriam passar, de forma organizada e não violenta. Receberam a resposta de que o que estavam fazendo era um crime (sim, naquele tempo, os negros lutar por liberdade e igualdade, era um crime, um pecado. Nada diferente do que é hoje). King e os manifestantes se ajoelharam para orar e mostrar que queriam apenas dialogar, mas foram recebidos com jatos d'água e mordidas de pastor Alemão, garrafadas, pedradas, muito cassetete nas costas e tiros com munição letal.

A ideia é exatamente a mesma dos dias atuais, com incursão da polícia e do exército, para proteger a população "de bem" dos ditos bandidos atuais, também conhecidos como pessoas negras moradoras de comunidades. O mais engraçado de tudo isso é que as pessoas que defendem a polícia que nos matam pisoteados em um baile funk, idolatram Martin Luther King, mesmo com a história provando que o branco àquela época, estava fazendo com os direitos civis, exatamente o que estão fazendo com moradores de periferias atualmente no Brasil.

O pior de tudo é que o mecanismo é tão perfeito e funciona tão bem suas engrenagens, que ele consegue comprar a mente de imbecís desinformados e colocam ao lado de Bolsonaros da vida, um cara igual aquele negro que fica parecendo um poste parado atrás do presidente e se diz presidente da Fundação Palmares.

Ele consegue através de muita política e muita maldade, colocar como novo presidente da Fundação Palmares, o imbecil do Sérgio Nascimento de Camargo, que é um negro que mais faz papel de bobo da côrte, com o intuito de agradar o seu rei, supremo, branco, neonazista, ditador e a favor da tortura, integrante de Milícia e presidente do Brasil.

O único e exclusivo objetivo disso é manter privilégio branco e colocar negros e pobres como inferiores. O lixo que é presidente da Fundação Palmares, disse que *Angela Davis* (ex membra dos panteras negras, escritora, intelectual, ativista e super *sayajin* em mais um milhão de coisas que precisa utilizar o cérebro), era uma negra baranga, desinformada e mais um monte de palavras fecais, porque *Ângela* criticou o governo *Bolsonaro*.

A única coisa que me veio à cabeça foi a incrível cena do filme *Django Livre*, estrelado por *Jamie Foxx* e dirigido por *Quentin Tarantino*, quando *Django* juntamente com o Dentista que te deu a liberdade, chegam a "*Candy Land*", e *Leonardo Di Caprio* os recebe na porta.

A parte super interessante, é que o senhorio da casa, de nome *Stephen*, muito bem interpretado por *Samuel L. Jackson*, é um racista que não se vê como negro. Ele quando vê *Django* em cima do cavalo e, livre, começa a praguejar e dizer: "o que esse crioulo está fazendo em cima de um cavalo"? "Por que esse crioulo vai dormir na casa grande"? Ele não pode dormir lá junto com os brancos". Uma cena icônica que retrata muito bem o caso dos novos capitães do mato, como *Fernando Holiday e* esse babaca nomeado como presidente da Fundação Palmares, que fica parecendo um poste parado no espelho retrovisor de mais um branco incopetente, igual é o *Bolsonaro*.

Se você é branco e está lendo este livro, saiba que eu não sou contra a sua pessoa, sou contra o sistema opressor e genocida que pessoas da sua cor dão o aval e você se beneficia dele através do privilégio. Por favor, não pense que eu te odeio ou que quero ver o seu mal. Eu odeio racistas, esses merecem pegar fogo vivo. Também não entenda o termo racismo, apenas como as palavras proferidas de alguém contra outrem, com o intuito de o diminuir.

Palavras são apenas a sombra da estrutura. Precisamos ir mais fundo. E para ir mais fundo, precisamos enxergar fora da bolha.

Imagine a seguinte cena:

Um pedaço de galho fincado na areia da praia. Desse galho, vai aparecer uma sombra, devido a luz do sol, por exemplo. A sombra do galho são as palavras proferidas com entonação racista, ou seja; macaco, crioulo e todos os outros tipos de palavras que tem o intuito de diminuir alguém pela sua cor. Por outro lado, o galho é a estrutura racista, ou seja, uma polícia racista, um tribunal de justiça racista com pouquíssimos juízes e juízes negras, mas com uma quantidade enorme de réus negros, um modelo empresarial majoritariamente branco e todas as outras estruturas do Estado Democrático Racista de Direito.

Embora o galho e a sombra possam parecer ser os protagonistas da história, há um fator muito mais importante do que os dois e, sem dúvidas, é exatamente o mecanismo racista que mantém o galho e a sombra trabalhando no foco onde ele quer trabalhar.

O que define onde a sombra vai estar é o posicionamento da luz, ou seja, quem gerencia a máquina racista estatal, que tem o racismo em sua estrutura e sua instituição, decide onde jogar o foco de luz, para que a sombra do racismo assole a direção oposta a ele. E eu nem preciso te dizer que os responsáveis pela luz, é o 1% de bilionários brancos e donos do mundo e os 1% de bilionários brancos e donos do Brasil, que mantém aqui até hoje como Colônia. Eles sabem onde focar a luz contra a estrutura, neste caso, contra o galho, para que a sombra, ou seja, o racismo, o medo, a violência, fiquem na periferia. E quem está ao lado da luz, nesse caso a maioria esmagadora branca, goza seus privilégios.

O privilégio branco que mantém o negro no espelho retrovisor não está somente ligado a cor da pele. Os traços negros e a sua posição social também é levado em consideração. Você pode ter a pele mais clara e ser negro. Você pode ter o cabelo crespo, o nariz largo, olhos amendoados, lábios grandes e outras características. E vai por mim, a máquina racista vai te moer também. Você é apenas um white pardo que pensa que é moreno. É preciso olhar para fora do seu apartamento ou da sua casa, é preciso sair da bolha e ter empatia para enxergar privilégios.

É preciso ter os olhos e a mente bem aberta para enxergar a estrutura racista que nos assola. Aqueles olhares nos shoppings, restaurantes, lojas, etc... Não são de admiração, vai por mim. A esmagadora maioria das vezes, é um olhar racista, de cima para baixo, como se estivesse se perguntando: "o que esse macaco tá fazendo aqui"? Esses olhares nunca vão acontecer se você é branco, ou caso aconteça, é porque você é desprivilegiado economicamente. Nesse caso, você é pobre. Eles nos conhecem pela nossa pele mal tratada e nossas roupas.

Vi uma foto do programa de *trainee* do banco Itaú, que havia contratado 125 novas pessoas. Quando eu vi a foto, eu pensei: "não tem nem 10% de negros". Dessa vez me surpreendi e queimei a língua. A quantidade de negros na foto não era 10%. Na verdade, tinha 0% (zero) negros.

Será que não somos capazes de passar em um processo de *trainee* do Itaú? Deixa que eu respondo pra você...

É CLARO QUE SIM!

Com o currículo que tenho, o Itaú deveria entrar em contato comigo, para saber se eu queria trabalhar com eles, dadas minhas aptidões e facilidades de trabalhar em equipe. E eu iria pensar se queria trabalhar com eles.

Nas startups que trabalhei, vi um monte de privilegiados, ruins de serviço, preguiçosos, "miguezeros", enfim, muita gente incompetente. Mas eles trabalhavam em uma das 250 melhores empresas para se trabalhar no mundo, pelo simples fato de ser amigo de alguém forte dentro da empresa. Esse é o narcisismo branco sendo usado como moeda de troca. O famoso Network branco.

Lembrando que as Startups em que trabalhei, dizem ser empresas desconstruídas e inclusivas. Balela!

Você até consegue ver tentativas de inclusão, mas ainda falta muito para ser algo real. Eles promovem rodas de conversas de temas que não são discutidos normalmente nas empresas, eu sempre achei isso muito legal. Discutem as questões LGBTQIA+, racismo, machismo e várias outras vertentes. Sempre achei legal essa postura, de sentar e conversarmos abertamente e acho que o caminho é exatamente por aí, no diálogo. Mas ainda falta muito para ser inclusivo. É preciso ter lideranças negras e ativismo para que assuntos assim, sejam levados a sério e executados periodicamente.

Não adianta eu trazer um discurso ativista, baseado em dados, estudos, experiências e etc., se os outros poucos negros que estão na empresa, tem a mente embranquecida ou estão em cima do muro, com medo de perseguição, de parecer o "mimizento", de ser questionado quanto a sua origem, etc., afinal, como dito acima, quem lacra não lucra.

É preciso muito mais do que discursos e rodas de conversas para quebrar os privilégios. Nessas horas que vejo que o discurso de Malcolm X, realmente faz muito sentido.

"By any means necessary" - Por qualquer meio necessário.

É necessário inclusão, reparação, empatia e olhar ao seu redor para identificar, entender e discutir o privilégio branco. Enquanto a TV mostrar como bandidos somente a minha cor e fingir que os *Perrelas, Aécios, Bolsonaros, Malafáias*, e companhia LTDA, são os santos e homens de bem, nós negros vamos sofrer as mazelas e colher o fruto podre, caído no solo da árvore da bonanza.

CAPÍTULO 7

Após caminharmos no universo do privilégio branco e entendermos a nossa posição em seus retrovisores, não somente pelo exemplo que expus da Fórmula 1, que modéstia parte, eu acho uma ótima maneira para explicar os privilégios, mas também quando nos pegamos pensando fora da caixa, saindo do nosso berço e focando em olhar ao redor. Sendo assim, eu agora posso focar em explicar o falso discurso meritocrático e a exceção como regra.

As pessoas, em sua grande maioria privilegiada, tem mania de usar o discurso da meritocracia e pegar as exceções e colocá-las como regra, como fazem com *Geraldo Rufino*, que era um catador de recicláveis e atualmente, é um milionário, dono da *Diesel* e outros negócios. Bato muita palma para o *Rufino* e tenho certeza que a jornada dele foi muito mais difícil do que a da grande maioria dos empreendedores brancos.

Acho que o fato de eu não ter mencionado a cor da pele do *Geraldo Rufino*, mas ter falado a sua ex profissão, você já deve imaginar a tonalidade de sua epiderme. Afinal, somos maioria esmagadora puxando carroças de papelão pelas ruas do centro e sendo humilhados por motoristas sem paciência e atrasados para o trabalho.

O Geraldo Rufino é 0,00001% dos negros em subempregos que conseguiram mudar de vida e se dar bem no jogo do empreendedorismo no Brasil, antes de morrer. Também pudera né, com a vida fodida que esse cara tinha, vencer o jogo do empreendedorismo no Brasil não seria algo de outro mundo, quando você consegue adquirir a mentalidade para tal. Mas *Rufino* é exceção. Não é regra.

Regra é quem nasce em berço esplêndido, com pele clara e a moeda de troca de favores do privilégio, herdou terras logo após se transformar em um gameta, ainda no útero de sua mãe e, na escalada da vida, precisa apenas de estudar. Vai se formar, conseguir o primeiro emprego pós faculdade e já vai ser chefe de alguém, porque o pai dele conhece gente branca que é chefe das maiores multinacionais do país. Exceção é quando alguém quebra o sistema, igual é o caso do *Geraldo*.

É muito importante deixar claro, que não são todos os catadores de recicláveis que vão conseguir virar a página e se vingar do sistema. Os 99,9% que sobram, vão continuar catando papel e morrendo de cirrose ou congelado durante a madrugada, embaixo de algum viaduto.

Eles são a regra. Ou seja, são programados para ser aquilo ali o resto de suas vidas. O sistema funciona para deixá-los ali, apodrecendo no subemprego.

Eu sei que nós seres humanos, podemos fazer o que quiser, podemos chegar aonde quiser, eu sou prova viva disso. Mas para conseguir atingir esse nível de maturidade mental, ou seja, ter a mentalidade de vencedor, não é de uma quinta para uma sexta-feira. É preciso tomar doses cavalares do chá da paciência e da resiliência.

Eu estudei muito comportamento humano, precisei me

conhecer a fundo, precisei me envolver com esportes e outras pessoas que tem o *mindset* de vencedor, precisei ler muito, para enfim, conseguir identificar que eu posso ser o que eu quiser, desde que eu acorde e vá dormir todos os dias pensando em estratégias e trabalhando duro para conseguir chegar aonde eu tracei metas. Mas isso não ensinam em becos de favelas.

Não se consegue pensar dessa forma catando papelão para sobreviver. Eu precisei me enfiar nos livros, documentários, me conhecer profundamente, e nunca desistir. Porém, eu sou apenas uma exceção. Os meus outros 14 colegas de escola não tiveram a mesma sorte.

Não tem como comparar uma criança que nasce branca com pai e mãe em casa, acesso à cultura, lazer, educação de qualidade, 6 refeições por dia, prática esportiva, e todos os outros privilégios. Com um negro de periferia, sem nome de pai no RG, que passa dificuldades para conseguir o almoço e a janta do dia, com uma televisão que não te dá acesso à cultura, educação pública sucateada, sendo humilhado pela polícia, pelos olhares dos racistas e todas as outras agruras enfrentadas por um periférico de epiderme escura.

Se todos saíssem do mesmo lugar, ou seja, com as mesmas condições, o conceito de meritocracia faria sentido. Mas, enquanto vivermos em um país com um abismo racial e social igual ao nosso, todo esse papo de meritocratas privilegiados é apenas uma prosopopéia flácida para acalentar bovinos. Ou seja, uma conversa mole pra boi dormir.

O que é feio, é você ser privilegiado, nascer rico e no final das contas acabar mendigo, noiado, etc., ou então não ser competente o bastante para continuar os negócios da família abastada, ou caso não tenha interesse em continuar os negócios da família, iniciar algo que seja o seu sonho e conseguir fazer algo relevante.

Se você é branco e não mora em periferia, você tem como obrigação ser foda, já que tem um sistema jurídico, econômico, cultural, midiático e religioso a seu favor. Somente um incompetente não conseguiria se dar bem e ter uma vida digna. Somente um imbecil não conseguiria se dar bem, sem precisar se preocupar se você vai ser morto por alguém da periferia ou pela polícia que finge te proteger e servir.

Se você defende o conceito mentiroso de meritocracia, mesmo assistindo de longe a desigualdade social, é porque você não viveu ou vive as agruras. Eu sei que tem miserável que defende os meritocratas, mas no país onde se vende educação, não seria nada anormal assistir a algo assim.

Aqui no Brasil, temos os famosos "favelado de direita". É aquela família que conseguiu se livrar das garras do sistema, muitas vezes, tem pai dentro de casa, alguém funcionário público ou dono de algum comércio. Não quero focar em ideologia política, já que pra mim, eu quero tanto que a direita, quanto a esquerda se fodam. Mas é necessário entender a filosofia de cada uma das vertentes e expor o ponto de vista, baseado em fatos.

O pobre periférico de direita, está para a desinformação, tanto quanto o negro que acha que não existe racismo no Brasil, ou então, a mulher que diz que não existe machismo e que as feministas estão de mimimi. O maior combustível do sistema, que consegue manter a ideia de meritocracia todos os dias de pé, é a falta de informação ou a informação distorcida da realidade.

Ela é responsável por fazer com que negros, engolissem o discurso racista de que *Martin Luther King Jr, Nelson Mandela, Malcolm X, Angela Davis, Assata Shakur* e outros líderes dos direitos civis, eram comunistas, baderneiros, terroristas e deveriam ser presos. Ela é responsável por fazer pessoas acreditarem em um presidente que se diz Cristão e que tem

"Deus acima de tudo", mas defende a tortura, a pena de morte e milhares de outras situações, onde só me mostra que esse cara não conhece nada do que *Jesus* disse, ou é um hipócrita safado que se aproveita da igreja, com o discurso da segurança pública para ganhar votos dos ditos "cidadãos de bem".

Se dizer Cristão e defender a tortura e a pena de morte, é o mesmo que ser um personal trainer fora de forma, um dentista com dentes podres, um médico fumante e o nutricionista acima do peso. Como alguém diz que é Cristão e defende exatamente o mesmo *modus operandi* que Jesus foi torturado e morto? Como alguém defende essas coisas e não se lembra dos mandamentos: Amai a Deus acima de todas as coisas e o seu irmão como a ti mesmo?

Quando conseguimos pensar de forma lógica e temos senso crítico para entender onde exatamente as pessoas querem te levar com seus discursos polidos, não engolimos qualquer groselha que um cara de terno caro e gel no cabelo e pele clara vem nos empurrar goela abaixo.

A falta de informação é o principal combustível responsável por modelar a massa, que somos como população brasileira. E é exatamente esse combustível que o sistema usa sem moderação, mediante a ideia fútil do:

"Eu preciso ter uma coleção de 30 Ferraris para ser feliz, porque eu mereço. É mérito meu. Foda-se, se eu sou um cuzão igual o Donald Trump, que já nasci bilionário. É mérito meu. Deus é bondoso com a nossa família a gerações".

O pior de tudo é que pobre compra essa ideia, já que é desinformado e não tem acesso a uma cultura e educação de qualidade.

O capitalismo trabalha muito bem e é o principal aliado do sistema, mantendo as massas onde elas foram programadas para estar, ou seja, nos subempregos com a esperança de que um dia "as coisas vão virar" e ele vai poder estar ali sentado na mesa, comemorando o *réveillon*, enquanto vai ter outra pessoa no lugar dele, equilibrando a bandeja prateada para servir os "merecedores". Quando os números mostram o contrário do discurso, passa a ser apenas a arte da falácia, muito bem empregada pelo político filho da puta, por exemplo.

Quando olhamos para os números do Brasil, muito mencionados nos capítulos anteriores, fica escancarado que não existe meritocracia. Afinal, se somos mais da metade da população negra do país e não estamos nos maiores postos, na política, na televisão, nos postos de controle, etc., sem dúvidas, tem algo errado aí.

O algo errado chama-se falta de oportunidade para um povo que foi escravizado durante 400 anos e liberto sem reparação cultural, educacional ou distribuição de terras a apenas 130. O algo errado aí é sinônimo de racismo estrutural e institucional, aumentando o saldo de cruzes nos cemitérios públicos e consequentemente os números na conta do bacana. Mantendo o privilégio de um branco poder surtar e quebrar todo o aeroporto, porque ele estava de cabeça quente, mas quando é o negro que faz isso, ele é barraqueiro e tem que ser preso ou morto.

O discurso do mérito cai por terra quando apontamos que nas universidades federais, a quantidade de pessoas pobres e que estudaram em escolas públicas a vida inteira, é menor do que as de classe média e classe média alta, que puderam comprar a melhor educação das escolas particulares da cidade. Quando apontamos que o âncora do jornal, em sua esmagadora maioria das vezes, é branco e homem e que 70% dos presídios são compostos dos mesmos descendentes de quem os donos do Brasil escravizaram a 400 anos atrás.

Não existe meritocracia quando o próprio Estado

de Direito, tem como finalidade, aprisionar e matar o
negro periférico e manter privilégios para os descendentes
brancos com sobrenomes estrangeiros que roubaram
terras a 500 anos atrás. Nascemos atrasados.

Se você é negro e de periferia, você está na corrida da
fórmula 1 que mencionei no capítulo anterior, dividindo a
mesma pista e as mesmas condições climáticas que os brancos.
Isso é um fato. Porém, você vai largar na vigésima posição, com
carro e equipe ruim. É possível chegar em primeiro, largando
em vigésimo, com carro e equipes ruins? Sim, é possível.

Mas isso vai acontecer em 50% das vezes, já que somos
metade da população do Brasil? Sem sombra de dúvidas que
não. Os números pouco se importam com você, eles apenas
complementam estatísticas, apenas acontecem. E isso só mostra
que colocar a exceção como regra, é um discurso. O privilegiado
gosta de manter esse discurso em dia, porque com ele, mais uma
vez o branco consegue nos diminuir intelectualmente e manter
o racismo imperando. Porque você há de concordar comigo
que, partindo do princípio que se todos tem oportunidades, a
Universidade Federal não tem 50% de negros, porque somos
inferiores intelectualmente. Isso é o que todo privilegiado
hipócrita, que defende seus interesses, querem nos passar com
a mensagem de que todos conseguem o seu lugar ao sol.

Se você é negro e de periferia e acredita nesse conto de
fadas eu peço para que você estude um pouco mais a nossa
história e quando eu digo estudar a nossa história, estou
falando para procurar entender o que aconteceu no passado,
na perspectiva negra e não pelo que os livros embranquecidos
do MEC contam. Procure entender no pós escravidão, o
que aconteceu com os negros durante os próximos 130
anos. Dessa forma, você vai conseguir interpretar melhor a
situação e enxergar a falta de negros nos principais meios de
comunicação, nos cargos de chefia, nas faculdades, dirigindo

grandes empresas, etc.. Fazendo uma busca mais apurada, você vai conseguir perceber porque a massa carcerária e as periferias do Brasil, são compostas de aproximadamente 70% de pessoas que se parecem comigo e com os meus amigos.

Quando você sai da lama e chega nos palácios de platina, é porque você se desdobrou mais do que um ser humano normal se desdobraria. E isso não é algo que vai ser uma regra. É apenas uma exceção. Não é fácil.

Tem um vídeo no youtube que é muito interessante para explicar o conceito de meritocracia. Um técnico americano, inclusive eu até acho que é de algum time de futebol americano de *High School* (segundo grau), perfila seus alunos, aproximadamente uns 50. Ele disse que é uma corrida valendo 100 dólares.

Ao colocar cada aluno um ao lado do outro, tinha aproximadamente a mesma quantidade entre negros e brancos. Para cada pergunta que ele fizesse, se a pessoa se enquadrasse naquela situação, era preciso dar dois passos à frente.

O técnico iniciou as perguntas:

Quem aí ainda tem um pai e uma mãe casados?

Quem teve acesso a ensino em escola privada?

Quem teve acesso a professores particulares em casa?

Quem nunca teve que se preocupar em pagar uma conta de telefone celular?

As pessoas iam dando dois passos pra frente e outros que não se enquadraram à situação ficavam imóveis.

O técnico continuava perguntando:

Quem nunca teve que ajudar os
pais com as contas em casa?

Quem nunca teve que pagar a própria faculdade
ou ganhou bolsa devido a sua condição atlética?

Quem nunca teve que se preocupar de
onde viria a sua próxima refeição?

Ao final de todas as perguntas, o técnico manda
todos que avançaram por se enquadrar nas respostas,
virem para trás. Eu nem preciso te falar que os negros
estavam parados em seus lugares e os brancos estavam
a uns 20 metros à frente deles não é mesmo?

O técnico começa um discurso:

"Nenhum de vocês que estão aqui na frente, fizeram nada
para merecer estar aqui. Não fizeram nenhum esforço para
largar na frente nessa corrida. Mas se vocês olharem pra trás,
para os seus amigos negros, vão perceber que nessa corrida
eles estão largando atrás. Todos sabemos que de uma forma
ou de outra é necessário correr a corrida, porém, seria muita
tolice da sua parte, achar que você é merecedor de estar aí".

O técnico continua:

"Podemos comparar com a corrida da vida, onde você
que é branco tem privilégios que os negros não tem.
Você que está aqui na frente, a alguns passos dos negros,
tem muito mais chances de ganhar e eu tenho certeza
absoluta que se todos saíssem da mesma linha nessa
corrida, vários negros ganhariam de lavada de vocês".

Se você é uma pessoa branca, quando for engrandecer
o seu ego podre, procure saber o que você realmente fez para
estar o engrandecendo. Pare de falar que o seu bisavô sofreu

muito para estudar e comprar a casa dele, que seus pais tiveram que fazer economias para pagar a sua faculdade, etc. Isso não muda o fato de que ninguém branco quer atacar os próprios privilégios, porque time que tá ganhando não se mexe e faz de tudo para não marcar gol contra.

Se você é preto, quero que tenha certeza que tudo o que você deseja, você pode conseguir. Mas é super importante salientar também, que para que você consiga tornar todos os seus desejos realidade, ou seja, trazer todo aquele sonho que estava adormecido em seu subconsciente para o mundo físico, é necessário ter a mentalidade vencedora. E não conseguimos ter uma mentalidade de vencedor de uma quinta para uma sexta-feira. Necessita de tempo e entrega, estudo e trabalho duro, derrotas e ascensões diárias, entusiasmo, muita paciência, resiliência e liderança.

Todos esses últimos artifícios não são distribuídos nas esquinas das periferias do Brasil, lá já está ocupado com a distribuição de drogas. A escola não ensina isso. Os pais de moradores de periferias não conhecem isso, portanto, não conseguem ensinar para os filhos. Por isso a revolução é na base, na educação.

Não se pode comparar um playboy branco que só entendeu o que é vida adulta, após ter sido cortado a sua mesada, com um adolescente negro, sem pai, que entendeu o que é vida adulta, quando teve que ajudar a sua mãe nas despesas de casa, aos 10 anos de idade e que virou pai aos 14. Não tem como comparar as chances de ascensão econômica e social de uma patricinha branca que teve tudo, inclusive educação sexual pelos próprios pais, que tiveram tempo de sentar e conversar com a sua filha no sofá de casa; com uma negra, de periferia, com um filho nos braços aos 15 anos, sem pai e sem marido. Ela é mais uma negra com criança nos braços, solitária, na floresta de concreto e aço que o Brown mencionou em negro drama. Aquilo é o Brasil escarrado, é o povo, a margem. A margem não pode ser meio, porque o meio é feito somente para um público seleto.

No momento que estou escrevendo esta parte do livro, estou em Balneário Camboriú/SC e nenhum lugar no Brasil pode ser melhor para explicar privilégios. Balneário é a capital do dinheiro do nosso país. Aqui os políticos safados e os empresários que participam da safadeza dos políticos, esbanjam suas Ferraris, Porsches e BMWs pelas ruas, com seus filhos loiros e de olhos claros.

O futebol americano me fez conhecer pessoas que se tornaram grandes amigos. Esses por sua vez, tem vários amigos na cidade do dinheiro e automaticamente me apresentou para vários deles.

É super interessante chegar nas casas e nos apartamentos dessa galera. São aquelas casas de novela, em uma cidade completamente doente pelo dinheiro, ostentação e bens materiais. Muitos são pessoas super gente boa, porém, estão pouco se fodendo para o privilégio deles e consequentemente para o prejuízo de quem tá do outro lado da corda. Alguns até reconhecem o seu privilégio, porém, não querem falar muito disso (deve ser porque no final das contas, a prova dos 9 mostra que o cara ou a mina é um grande bostão que sempre dependeu de papai e mamãe até mesmo para limpar a própria bunda).

Quando eu, um negro de periferia acesso o lugar onde esse pessoal consome, é muito notável a cara de nojo, raiva, ódio e tudo o que se pode imaginar. Ainda mais quando estou consumindo algo, com o meu dinheiro, no mesmo lugar onde filhinhos de papai estão consumindo e gozando os privilégios de ser branco e rico em um dos estados que se autodenomina outro "Brasil", dentro do próprio país.

Sei que o fato das pessoas do Sul do país falarem que são um país separado dentro do Brasil e quererem lutar para dividir e considerá-los república, não é nada mais do que racismo, xenofobia e ódio de classes travestido de discurso moral e "estratégia" para uma economia forte. O que eles querem fazer é não participar dos impostos, sabendo que os centavos que estão saindo de seus bolsos podem servir para um nordestino que não tem água e necessita de um bolsa família por exemplo.

Eles amam gritar que quem recebe bolsa família é vagabundo que não quer trabalhar. Eles falam isso, dando um gole prazeroso em um copo de cristal com uma água bem gelada. Falam isso, sem saber ou fingindo não saber, que em vários lugares do Brasil, não tem nem água para beber e zero saneamento básico.

Adoram usar o argumento de que tem gente safada pegando bolsa família, mesmo sem precisar. E eu concordo, viu? Tá cheio de gente fazendo isso mesmo. Da mesma forma que tá cheio de evangélico fingindo ser cristão, mas na verdade o pastor tá roubando o dízimo, a irmã desejando o marido da outra irmã, o irmão é fofoqueiro e fala mal de todo mundo, o outro que é da religião do amor, tem condições financeiras melhores, vê o seu irmão passando dificuldades e ao invés de fortalecer com uma cesta básica, ele diz que vai orar por ele.

Eu não entendo como o privilegiado consegue falar mal do bolsa família, usando o argumento de que tem gente safada usufruindo disso, mas ficam mudos sabendo que todos os políticos recebem vale paletó, ou então, em um escândalo igual o que aconteceu com o Ricardo Eletro, que sonegou mais de 400 milhões de reais.

O mesmo acontece com as cotas. Adoram usar o discurso que as cotas fomentam o racismo, que o negro se mostra incapaz quando se beneficia de uma bolsa em uma faculdade, mesmo sabendo que a própria faculdade, o museu, a igreja, os viadutos e todo o tipo de construção, foram construídas por mãos negras e nunca fomos ressarcidos por isso. Nem sequer colocaram nosso nome na placa de bronze. Geralmente os sobrenomes que aparecem na placa são parecidos com o do branco privilegiado que reclama das cotas.

O privilegiado ama usar o argumento de que cotas deveriam ser sociais e não de raça. Eles fingem não saber que as cotas também tem essa vertente, não só porque nós negros estamos em maioria nas periferias, mas também, porque o programa reserva um percentual de bolsas "sócio-economicas".

Eu fico de cara quando alguém diz que cota diminui o negro, com o discurso de incapacidade de disputar de igual pra igual com os brancos. Não tem como disputar com quem está há 130 anos na sua frente. Você está na mesma pista com as mesmas condições climáticas, mas não com o mesmo carro e nem está largando na *pole position*, igual ao privilegiado. O que me deixa mais impressionado, é a pessoa que defende esse ponto de vista, fingir não entender que é função do Estado Democrático de Direito promover a igualdade entre os cidadãos. O Estado falha quando se mostra incapaz de fornecer um ensino de qualidade para todas as pessoas, de forma gratuita. É algo que está na Constituição Federal com dever do Estado.

Não tem como alguém que estudou em escola pública, concorrer de igual pra igual com alguém que estudou na particular, teve no mínimo 3 refeições por dia, nunca precisou trabalhar aos 10 anos de idade, sempre teve roupa, nunca precisou de pagar uma conta, tem acesso a internet, cultura e viajou para vários países.

Aconteceu um lance muito interessante na época em que comecei o meu projeto social de futebol americano, o F.A de Favela. O Futebol Americano no Brasil é um nicho de mercado, que ao mesmo tempo que é minúsculo pra quem está dentro, é enorme pra quem está do lado de fora e, as redes sociais possibilitam nos comunicarmos com facilidade.

No início do meu projeto, apareceram algumas pessoas que fingiram que queriam ajudar. Eu, marinheiro de primeira viagem no projeto, abri as portas pensando: "se é pra ajudar, é só vir ajudar". Porém, o que me mostraram foi algo completamente diferente de ajudar. Um dos casos mais inusitados e sujos que aconteceu foi de uma patricinha, branca, de 20 anos de idade que tinha em seu Instagram as bandeiras de todos os países que ela tinha visitado. Eram mais de 22 países se não me engano. 20 anos de idade e já tinha visitado mais países do que a quantidade de anos que ela havia passado na terra.

O engraçado de tudo isso é que ela chegou com a ideia de que queria tirar fotos do projeto para ajudar na divulgação e cuidar das redes sociais do F.A de Favela. Até aí, tudo bem, sem dúvidas ia me deixar mais livre para fazer a execução do projeto. O que me surpreendeu foi o fato dela dizer o seguinte:

"E eu quero só uns beijinhos como pagamento"... Ela é aquela patricinha branca, pseudo esquerdista, feminista, que nunca pisou em uma favela e finge ser "mente aberta". Daí quer aparecer de mãos dadas com um negro, favelado, no meio dos amigos e amigas *playboys* para parecer descolada e nada racista. O único problema dela é que ela veio falar isso logo comigo...

Eu respondi pra ela que o trabalho social tem como objetivo ajudar o próximo sem pedir nada em troca. Não se tem salários em projetos sociais. Não quero nada em troca quando estou no sol, ensinando futebol americano e incentivando a molecada a ler e se desviar dos caminhos tortuosos.

Embora eu tenha sido bem direto com ela, ela continuou a arriscar suas cantadas ridículas e afrontadoras. Fingi que não era mais comigo e passei as redes sociais do projeto pra ela tomar conta. O maior problema ainda estava por vir.

No primeiro dia, ela já disse que o projeto também

tinha que ter meninas jogando futebol americano, o que eu concordei, porém, eu disse a ela que eu precisava me organizar e que no próximo ano, já teriam meninas também. Ela não aceitou e disse que eu estava sendo machista. O que eu achei impressionante, é que ela não aceitou algo que eu estava fazendo, sem ajuda de ninguém, da forma como eu acho que deveria ser feita. Até porque, quem morreu no crime foram meus amigos homens, as adolescentes aqui tem como maior problema a gravidez prematura e cuidar dos filhos sozinhas.

Tentei explicar pra ela que estava no escopo do projeto a entrada de meninas também, porém, eu ia fazer no próximo ano. Não adiantou, ela brigou e brigou e eu não quis mais que ela me ajudasse. Cortei ela do projeto.

Alguns meses depois, eu estava juntando livros para montar a primeira Geloteca, que seria do F.A de Favela e embora eu não fazia ideia de onde ela estava no mundo, já que eu tinha deixado de seguir ela no Instagram, ela me apareceu em uma mensagem no Direct dizendo o seguinte:

"Eu não gosto de você, mas tenho uns livros aqui pra doar. Como podemos fazer"?

Eu fui direto e incisivo na hora de responder:

"Eu pensei que já tinha te bloqueado. Só um momento". Fui lá e bloqueei.

Era tudo o que ela precisava, para fazer um print e expor tudo, dizendo que estava querendo ajudar o projeto, mas eu sou um macho sem educação que não tava nem aí para o projeto, que o que eu queria mesmo era biscoitos (likes). Fiquei puto e também expus o que tinha acontecido antes, das cantadas que ela tinha me dado, das besteiras que ela tinha falado. Refleti muito e cheguei à seguinte conclusão...

Os burgueses não estão preocupados e nem preparados para ajudar pessoas em situações de vulnerabilidade. Elas não têm nada para oferecer para eles. É uma grande besteira acreditar que querem ajudar em algo, até porque, se ela quisesse ajudar, poderia criar um projeto idêntico ao meu, em alguma periferia, com mulheres, bem da forma como ela queria.

Ela tinha 20 anos e tinha visitado 22 países. Uma mina depressiva que provavelmente, mesmo com tantos privilégios, brigava com os pais, tomava remédios para depressão e estava buscando fora, algo para tapar o buraco que ela sentia na alma dela. Ela é aquela patricinha que tem tudo, mas sente que não tem nada quando vê um cara igual a mim, que faz seu corre e ajuda os seus. Ela se sente uma merda quando vê que eu morei no meio do lixo e estou ajudando o meu semelhante, da forma que eu posso ajudar no momento e, ela tem tudo e não ajuda ninguém.

A pergunta de 20 milhões de dólares agora...

Você acha que um jovem de periferia pode disputar de igual pra igual com uma patricinha dessas? Ela já visitou 22 países. Qual a carga de cultura que essa menina tem? Sem dúvidas nunca precisou trabalhar e estudou nas melhores escolas da cidade. Será que uma negra, de periferia, sem pai, com uma mãe faxineira, tem chances de disputar uma vaga de igual pra igual com ela? Absolutamente não.

Pode acontecer de ganhar? Sim, porém, são os *Geraldos Rufino's* que mencionei no início deste capítulo, são os *Rubinhos Barrichello's* que com 20 anos de profissão só conseguiu um primeiro lugar, contra os *Schumachers* de Ferrari largando sempre na *pole position.*

O discurso meritocrático é tão falso quanto o presidente que atualmente governa o país, com a máxima de "Brasil acima de tudo, Deus acima de todos". O cara que usa o cristianismo (a religião que prega o amor), para pregar o ódio de classes, de cor e de gênero. O cara que fala que bandido bom é bandido morto, menos os filhos dele que estão envolvidos com milícias, lavagem de dinheiro, homicídios, *fake news*, etc.

CAPÍTULO 8

O pântano sórdido da
atmosfera mesquinha

Se pararmos para pensar, como pode um país que tem uma quantidade absurda de pessoas vivendo com menos de 200 reais por mês, ser o país que mais consome grifes na América Latina? Como pode um país que não tem água encanada e saneamento básico em várias partes do nordeste, ser tão consumista de coisas supérfluas? Como pode um país com 15 milhões de desempregados ser tão materialista?

Existem perguntas que já vem com respostas no apenso. O Marketing agressivo e a injeção de materialismo é uma delas, porém, separei um capítulo especial para falar somente desse assunto. O mais importante para analisarmos neste momento é o fato de quase 50% da riqueza do país, estar nas mãos de 1% da população e os outros 50% sobra pra nós. É a Oligarquia *brasilis* de holocausto.

Adivinha quem "dita tendências" de moda, estilo de vida, viagens, etc..? Ninguém melhor do que quem tem metade da riqueza. Ninguém melhor do que o descendente de europeu que roubou, estuprou em massa, escravizou e cometeu genocídio. O pior disso tudo é a forma como eles vivem suas vidas e ditam as nossas. Eles são responsáveis pelo rumo político e econômico do país, por exemplo. Aí você me pergunta: mas como Adam?

Simples. Adivinha quem financia a campanha política de todos os candidatos à presidência da república? Não só do presidente, mas de todos os candidatos a cargos importantes na república. Eles ditam as regras. São os donos do jogo.

Os oligarcas são donos da mídia, das universidades públicas, das maiores empresas do Brasil, das multinacionais, do sistema político e judiciário e tudo quanto é cargo importante e influente. Seus filhos, netos e bisnetos, são os diretores das grandes Estatais, seus parentes estão envolvidos em chefias da política, segurança pública, na saúde e na educação. Eles ditam o que vai ser ou não moda no país.

A TV mostra que o seu filho merece o *Big Mac*, o *Nike* e o Iphone do último modelo. O que a mídia faz é injetar esse materialismo, essa ideia que você precisa de algo para se provar alguém, para ser considerado do meio, para ser aceito em seu círculo social. O maior problema é que eles não se preocuparam com o efeito colateral que isso iria gerar.

Vamos voltar à Balneário Camboriú...

Tem *playboy* construindo um prédio de 81 andares lá, ao lado desse prédio, já estão construindo outro que vai ter 100 andares. Alguns apartamentos tem 8 vagas de garagem e duas vagas para iates e lanchas.

Agora a pergunta a se fazer...

É realmente necessário ter um apartamento com 8 vagas de garagem e duas de lanchas? Já parou para imaginar a imagem que isso gera nas outras pessoas? Já parou para imaginar o que o moleque de rua pensa ao ver isso? Já parou para imaginar como as crianças, que nos tem como exemplo, veem isso?

Sei que se você tem grana você faz o que quiser do seu

dinheiro. Mas também não se pode reclamar depois que a 9mm tiver no seu ouvido no semáforo. Eu não vejo problema em ter 1 Ferrari, se isso realmente for o seu sonho, sua vontade e você não comprou porque quer esfregar na cara da sociedade. O problema é ter uma coleção de 30 Ferraris e passar em frente às crianças de rua, sem sentir nenhum sentimento ruim.

O pastor charlatão Valdomiro, aquela da igreja Mundial, que fica com um chapéu atolado de fazendeiro é um ótimo exemplo pra isso. O cara tem 4 helicópteros, não sei quantas fazendas, não sei quantos carros e casas, ou seja, é um fanfarrão completo. O mais interessante nele é o fato de usar o nome de Deus, vendendo a ideia de *Greed* (ganância), como prosperidade. Ou seja, ele usa de discursos retóricos, falácias e *copywriting* para vender prosperidade. As pessoas caem, por falta de informação e fé cega e, ele vive nessa farsa de vida abundante e mesquinha.

O favelado que tá se matando com o único intuito de usar *Lacoste, Dolce & Gabbana, Louis Vuitton,* etc., não faz ideia que aquelas marcas não foram confeccionadas pensando na cor da pele deles e nem no estilo de vida que eles levam. Estas marcas não são para colocar no corpo e carregar um fuzil de uso exclusivo das Forças Armadas. Elas não mostram isso em suas propagandas. Elas não vendem pra nós. Não tem o nosso perfil como persona em seus setores de Marketing.

Mas estas marcas trabalham o Marketing muito bem, quando elas vestem um jogador de futebol. Porque o favelado consegue se ver na posição de jogador, inclusive é até uma gíria da quebrada. "E aí jogador"...

Aquele jogador que está portando as marcas, também não teria condições de se ver representado por elas, se ele não fosse um profissional. Se o dinheiro não o tivesse colocado na posição de negro rico, ou seja, "quase branco".

Não significa que você não pode usar estas marcas. Mas

apenas saiba que eles não confeccionam pra nós. Na verdade, se formos olhar, nenhum deles confecciona para nós. Ninguém pensa em um periférico na hora de confeccionar seus produtos. Até mesmo um barão do pó não pensa em nós quando está produzindo e embalando seus produtos.

Mas se não nos vemos representados na Mídia e nas roupas de marca, por que a gente consome estes produtos?

Simples...

Estamos cegos pelo Marketing deles, não temos educação e cultura de qualidade a ponto de conseguir enxergar o sistema da forma como ele realmente funciona. Não temos senso crítico o bastante para identificarmos as entrelinhas. Temos menos de 8% de brasileiros que conseguem entender uma ironia ou uma crítica em um jornal e apenas 12% conseguem escrever um texto conciso, de forma clara e objetiva. Fazer parte dos percentuais não é fácil.

Como dito nos capítulos anteriores, enxergar dói. E pra quem vê de tudo igual a mim, precisa se expressar seja na música ou em livros iguais a este. É uma maneira de expurgar tudo o que degluti, seja engolindo sapos na vida ou aprendendo observando algo e tirando conclusões fora da caixa.

A mesquinharia se encontra em todo o lugar na mente de quem tem a possibilidade de ajudar o próximo, mas se satisfaz com coisas supérfluas. Ela está na política, nos playboys, na religião e nas pessoas que só pensam em seus fétidos umbigos.

Imagina se o Vaticano ou a Igreja Universal do Reino de Deus não fossem mesquinhos? A gente poderia comemorar um mundo sem miséria, por exemplo.

Já parou para imaginar Jesus indo ao culto em uma igreja Universal? Já pensou ele chegando lá no púlpito e falando com o pastor:

"filho meu, faça como eu disse a mais de 2020 anos atrás, doe tudo o que a igreja já recolheu de dízimos aos pobres e siga-me".

Aí o camelo passa no fundo da agulha outra vez...

Não pense que ter dinheiro na conta vai te levar para o inferno. Não é isso o que Jesus quis dizer nesta passagem. O que ele realmente quis mostrar é "onde está o seu coração". Se o seu coração está nas riquezas que construiu ou se realmente está no amor.

Não se pode pregar o amor ao próximo, deixando o seu semelhante passar fome na Somália, com o corpo esquelético, tomando sopa de cacto. Provavelmente, o Papa e todos aqueles padres que estão no Vaticano, estão mais preocupados em não ser pegos em mais um caso de pedofilia, do que considerar um africano um semelhante. Já imaginou? Um preto esquelético como semelhante? Como irmão? Vai por mim... Ainda nos consideram sem alma.

No passado, foi um Papa que deu aval para que a escravização de negros pudesse continuar a todo vapor. Ele disse que nós negros éramos como os animais, sem alma, sem espírito. Daí nos trataram e até hoje nos tratam da mesma forma. Vai por mim, se você é negro, eles não te veem como semelhante. Eles vão até te chamar de irmão, só não vão ter atitude de irmão com você.

Em quantas igrejas você já viu anjos negros? Naquelas pinturas com a imagem do paraíso dos cristãos, quantos pretos você viu? Nas imagens de Jesus, quantas vezes ele foi pelo menos pardo, já que vivia no deserto, exposto ao sol? Você deve ter entendido onde quero chegar com a ideia.

A mesquinharia está em todos os braços do sistema. Da

religião ao Judiciário, do Legislativo ao executivo, do crime organizado ao sistema prisional. O que quero mostrar com isso, é que nós seres humanos, temos tendência de nos sentirmos superiores uns aos outros, seja qual for o assunto. Pode ser no intelecto, no esporte, na beleza física, etc...

O maior problema disso tudo é o reflexo que dá do outro lado. É o pântano que vai crescendo e se fortalecendo nesse desastre não natural. O outro lado da corda. Aquele que eu sempre falo por aqui.

O crime organizado, a periferia e o povo pobre do país, tá olhando pra isso e achando bonito. O pobre acha bonito o que o rico faz. Ele acha lindo quando alguém branco com dinheiro, esfrega na cara do Estado, em uma blitz policial por exemplo. Coisas do tipo: "pode prender esse carro aí. Fulano, vai lá em casa e busca meu outro carro por favor. Pode prender esse aí porque não falta carro pra andar lá em casa"...

Se com o playboy é assim, com o favelado é ainda pior, porque se sente invencível. *"Dinheiro é foda, na mão de favelado é móh guela"*. Já dizia o Mano Brown do Racionais.

Não se pode deixar levar pela mesquinharia, quando se tem notas no bolso ou na conta bancária. Não seja o idiota que deixa que o papel moeda seja maior do que a sua essência. Não seja cuzão. Por trás dessa engenharia feita para nos maltratar e nos matar, existem privilegiados faturando altíssimo. Ou você acha que os donos da Ferrari não querem ter clientes recorrentes ou clientes que fazem o famoso *upsell, crossell ou downsell* em seus carros. Não há nada melhor do que vender para clientes que você já vendeu uma vez. Inclusive, é mais fácil vender para quem já consome seus produtos novamente, do que para um novo cliente.

Por trás dessa engenharia maléfica, tem a ostentação de bens que você quando morrer não vai poder levar no caixão. É até estranho eu ter que colocar aqui neste livro, mas as pessoas ainda não entenderam que o objetivo aqui na terra, não é juntar um monte de coisas que você não pode levar quando morrer. Inclusive, essas coisas que você junta aqui, servem para promover brigas e desunião dos seus parentes que ficam.

Irmãos não olham mais para a cara uns dos outros, porque o mais novo ficou com o jogo de jantar da mãe, que se foi e nem mesmo esfriou no caixão, para que eles pudessem brigar pelas quinquilharias que ficaram. Netos que com pouquíssimo tempo de vida, já estão de olho nas terras que seu avô deu a vida, para que pudesse viver nela e ser chamado de dono. Os netos são os mais engraçados. Tive amigos assim no decorrer da minha vida, não posso deixar de falar o quão mesquinho e egoísta são seus pontos de vista e como a máquina do sistema trabalha bem para manter os pingos nos "ís".

Tive colegas que, aos 10 de idade, já falavam comigo de terras que seus pais tinham herdado de seu avô e que somadas davam mais de 10 milhões de reais, naquela época, pois as terras situavam-se em bairro nobre de Belo Horizonte. O dito colega, passou a adolescência inteira nos lembrando sobre as famosas terras, chegou a nos levar lá algumas vezes. A família dele brigava na justiça contra os irmãos de seus pais, para dividirem o terreno e por fim, se tornarem milionários.

Mas parece que os ventos não foram tão favoráveis e este meu colega, que já sabia de suas possíveis terras, confiou demais. Ouvi dizer que não ficou nada resolvido e que sua mãe havia perdido suas terras na justiça. Há relatos que esse cara, que já foi meu colega, bateu em sua mãe por isso. Ele com seus 35 anos e sua mãe com seus setenta e poucos. Um covarde! Esse é o resultado da mesquinharia e o maior problema, é a resposta a isso. As periferias, as favelas, as comunidades, os cortiços. Esse é o reflexo da mesquinharia, aquele mesmo abismo social citado anteriormente.

Enquanto um pode participar do *Rotary Club* e o outro só tem o esgoto que quando chove, inunda sua casa e leva seus móveis, vamos ter um problema muito sério, que assola o nosso país, chamado violência. Aquele sangue por trás da "vitória" a qualquer preço. O que resulta em criança chorando, enterro em cemitério público, a coroa com depressão e o filho de quem se foi, cheio de traumas. São os karmas que carregamos no lugar que é mais propício para criar pessoas revoltadas, chamado periferia.

O clima pesado de um hospital, do Fórum, de um cemitério ou de uma penitenciária, vem carregado do mesmo chumbo quando falamos em favelas. Aquele clima hostil e cheio de confusões a qualquer momento. O lugar onde o Governo não leva educação e saúde, mas onde o braço da segurança pública é o mais atuante. É preciso calar a manada de pessoas que sobrevivem à míngua no Brasil dos europardos.

Todo esse cenário de miséria vem da mesquinharia de quem está no poder do país e não estou falando do presidente imbecil atual. Estou falando de anos e anos de quem está no poder. Os Oligarcas que dominam as terras roubadas pelos seus avós, tem gostos peculiares e, um deles, é ver seus filhos e netos gozando de apartamentos com 8 vagas de garagem, o outro, é ver a minha filha com o cabelo maltratado e um conjunto de moletom imundo, pedindo esmolas nas padarias e lanchonetes do centro.

São tão mesquinhos que nos negam até mesmo o estudo de qualidade, a possibilidade de entender uma crítica, uma ironia ou de desenvolver um pensamento. Nos negam até mesmo o básico para uma pessoa poder viver uma vida digna.

Alguns questionamentos sempre me vem à cabeça... Será que ainda não repararam que uma lei rigorosa não é o que vai fazer alguém não cometer um crime?

É só olhar para os EUA. São conhecidos como o país da liberdade, porém, tem a maior massa carcerária do mundo. Partindo do princípio que lá existem as *Gulags* particulares, ou seja, o sistema penitenciário dos EUA é privado. São empresas que precisam que as cadeias estejam cheias, logo, para se ter lucro a qualquer custo, vão abusar da lei. Por que não investem em educação de qualidade e igualdade, ao invés de só investir em segurança pública? Esta resposta é óbvia. Não querem que pensemos. Não nos querem críticos e nem capazes de desenvolver raciocínios. O sistema precisa que sejamos completos analfabetos funcionais, para que eles consigam se manter no poder, gozando de vários privilégios, como poder gritar com o policial ou resistir à prisão, enquanto a tristeza do abuso fica com a maioria parecida comigo.

É um pensamento tão sórdido, imaginar que as cadeias precisam ter presos para que elas possam gerar lucro para seus donos ricos. Dessa forma, bater metas anuais fica fácil. Basta uma reunião com um governador aqui, um senador acolá, um deputado federal dali ou um secretário de segurança pública. Rapidamente aparece uma determinada lei, que coloca mais pessoas na cadeia e consequentemente lotar o bolso do dono daquilo tudo. O pior é que o Brasil está seguindo pelo mesmo caminho. Mesmo com os dados e a história mostrando que não dá certo esse modelo de gestão.

Sem dúvidas, estão preocupados em matar a sede do monstro da mesquinharia que assombra seus estômagos. O monstro que todos os dias faz a esposa deles ir no shopping, com o cartão sem limites, *Diners Black* e torrar em compras. Ela pensa que aquilo vai preencher o vazio de sua alma suja. Ela pensa que o dinheiro que foi desviado da merenda da escola pública, vai saciar a sua fome mesquinha, com um colar de águas marinhas da *Tiffany*. Ela sonha em conseguir dormir sem usar os remédios ansiolíticos ou antidepressivos. Ela vê o pobre como um monstro e pensa que fazer aquelas compras, vai mantê-la afastada dos monstros. O que ela não pensa é o quão insignificante é vir aqui na terra para juntar coisas, que ela vai usar apenas algumas vezes.

Ela vive na linha tênue entre o brinco de brilhante na orelha e a possibilidade de perder a orelha com o brinco e tudo, caso pare no semáforo com os vidros abertos. Vive entre poder comprar os bens mais supérfluos que o ser humano já conseguiu inventar, com o objetivo de diminuir outros mortais que não gozam do mesmo privilégio.

Essa *socialite* vive o mundo da ilusão e do medo. Constantemente o mundo do medo se mostra pra ela em sua TV de 60 polegadas. Mas ela também vive o medo de ser morta ou que tenha sua morte orquestrada pelos próprios filhos e netos, por causa da grana do seguro de vida e a divisão de herança. O caso de *Suzane Von Richthofen* ou *Elize Matsunaga*, é apenas um dentre vários que acontecem e a mídia não cai em cima. Eu já vi e ouvi filhos falando coisas horríveis com os próprios pais. Já vi filhos fazendo coisas assustadoras para conseguir a grana do seguro ou dividir bens.

Fica um questionamento muito interessante... Será que realmente vale a pena juntar bens materiais aqui? Será que é bonito estar em determinada idade e saber que as crias que você colocou comida na boca, protegeu do frio e deu ensino de qualidade, estão afim de te comer vivo?

Filho dos outros são ótimos para nos mostrar o futuro focado em bens materiais. Não caia na besteira de imaginar: "o meu filho não vai fazer isso, porque eu sei como eu o criei". Tome muito cuidado com isso, porque você não sabe exatamente o que se passa na cabeça do seu filho. Você sabe como você o educou, mas sabe como o mundo o está educando? Sabe como foi a educação da escola nos horários de intervalo? Sabe como os amigos e as influências o educaram e te deram visão de mundo? Sabe como a mídia o educou? Sabe o quanto a religião o educou?

Não caia na besteira da "mãe de drogado". A mãe de drogado sempre é a última a saber que seu filho está afundado nas drogas. Ela sempre pensa a mesma coisa: "eu dei educação. Eu o conheço. Ele não faria isso". Coitada.

E todos estamos sujeitos a passar pelo mesmo tipo de dor. Não adianta só olhar para a família do vizinho e achar que nunca vai acontecer com a sua. Somos bombardeados 24 horas com o consumismo. Objetos supérfluos com uma estrutura de marketing agressiva e estratégias de vendas, baseadas em comportamentos nas redes. Isso é um combustível e tanto quando o assunto é vender qualquer coisa utilizando gatilhos mentais. Quando alguém tem condições de comprar o que quiser, o supérfluo passa a ter um valor inestimável.

Me lembrou de um caso que aconteceu no final do ano de 2019, quando o artista, *Maurizio Cattelan,* pregou com fita *Silver tape* uma banana em uma parede branca. Ele disse que aquilo era arte e foi vendido por aproximadamente R$500.000,00 (meio milhão de reais). Uma banana, presa a uma parede branca, com uma fita *Silver Tape.*

Quando percebo que a maioria das pessoas não enxergam como arte, os grafites do *João Belmonte* (que usava a *tag Tody One* em SP), aí eu lembro que um cara branco, colou uma banana na parede com fita adesiva, e isso foi vendido como arte a meio milhão de reais, o meu estômago embrulha.

A mesquinharia tá aí pra dizer o que quer e mostrar que o dinheiro, "dita tendências", ainda que sejam tendências idiotas. *Playboy* é ótimo para ditar o que é e o que não é arte. Precisamos parar de aceitar esse monte de baboseira e dar valor a arte vinda de nós pra nós. A arte da periferia, expressada nos grafitis do João, precisa do apoio de quem vê de perto essa arte. São críticas escritas e desenhadas em paredes, que não tem o mínimo de valor, por mais que aquilo represente exatamente aquelas pessoas, que não estão dando o valor. Sei também que é difícil para o próprio morador de periferia, sem acesso a cultura e conhecimento de qualidade, no lugar onde escola é sucateada e o povo da margem continua sendo apenas gado eleitoral, pontos no Ibope e digestores de gorduras transgênicas.

A mesquinharia de quem é dono de tudo isso aqui, revela assombrosos reflexos no pessoal que está nos bolsões de vulnerabilidade. Os oligarcas brancos do Brasil, descendentes dos ladrões que aqui roubaram no passado e foram os donos do Brasil no período Colonial, mantém como princípio ativo de sua fissura por dinheiro e poder, a desgraça de quem está à beira do abismo social.

Daria para corrigir o livro de Gênesis e dizer que "ainda há trevas na face do abismo". E que embora a terra atualmente tenha forma, ela ainda "continua vazia".

A Oligarquia brasileira é predominantemente branca e racista. Eles se reproduzem entre si e geram os herdeiros bilionários e brancos que vão dominar o país quando seus pais se forem. São responsáveis pelo sistema e comandam cada uma de suas engrenagens. Engrenagens que também são comandadas por pessoas brancas e racistas, (Executivo, Legislativo, Judiciário, Religião e crime organizado).

Quem comanda as engrenagens do sistema, dita o jogo. Domina a política, a mídia, as estatais, comandam os maiores cargos públicos, os bancos, são padres e pastores que conseguem influenciar as massas. Eles "ditam tendências", lembra?

O resultado disso, pós-escravidão, é o reflexo em nós que estamos na base da pirâmide, ou seja: "eu liberto vocês, mas as terras e tudo o que roubei dos índios, fica comigo, com os meus filhos e netos. Vocês crioulos que se virem daqui pra frente". Sobrou para nós o resto de seus pratos, também conhecidos como favelas, periferias e zonas rurais. Lugares com ensino público precário, violência e zero cultura (se sou dono da mídia, te dou o *Big Brother* ao invés de te ensinar Direito Constitucional). Afinal, eu não quero que você saiba que o preâmbulo constitucional te garante tudo o que eu não te dou, como Estado Democrático de Direito.

Dar informação de qualidade para o povo pobre é o mesmo que o oligarca resolver pular do prédio de 81 andares, que mencionei anteriormente, com uma sacola de ratos presa na cabeça, gritando que não é racista. Isso nunca vai acontecer.

Falta oportunidade pra negro e pobre, mas uma coisa nunca falta nas periferias. Bocas de fumo, ação truculenta da polícia e bares com cachaça. Esse último, um prato cheio para o sistema. Não se assuste, mas os viciados em cachaça, compõe grande parte dos moradores de rua, juntamente com os viciados em crack.

O álcool é um dos grandes responsáveis, se não o maior responsável, pelos moradores de rua. Sabe quem são os maiores produtores de cana de açúcar do mundo? Sabe qual é o país que inventou a cachaça? Sabe qual a droga lícita, que mata e destrói famílias, tão bem quanto a cocaína? Exatamente a famosa pinga. Aquela que é vendida a 50 centavos o copo, ou 2 reais a garrafinha, tipo Corote. O álcool só não é proibido, porque os donos que tomaram a receita da pinga dos escravos, são os mesmos que roubaram as terras dos índios no passado. E o lugar onde a cachaça reina, chama-se periferia. Lugar onde aprendemos pouco, com zero acesso à cultura e pouquíssimo incentivo do Estado.

Pessoas menos informadas não vão entender muito bem o poder maligno de um vício. Ainda mais um igual ao álcool. Que te pega aos poucos, te deixa trabalhar no outro dia e vai te viciando na medida do tempo. Você só nota quando entende que só vai conseguir dormir, depois de um cansativo dia de trabalho, se você tomar uma dose daquele líquido precioso. O vício pelo álcool, orquestrado pela Oligarquia brasileira, tem um reflexo enorme nas populações que vivem à margem dos grandes centros.

Quando o álcool está falando mais alto do que os conselhos da mãe, os pedidos de "não aguento mais apanhar" da esposa, as súplicas da filha abusada pelo pai alcoólatra e o emprego de servente de pedreiro, é hora de deixar o corpo seguir as ligações sinápticas cerebrais, enviando estímulos e pensamentos de "eu preciso beber toda hora. Não aguento viver sem cachaça". Morar na rua passa a ser a opção mais barata para o desempregado e viciado da periferia. Um dos vários reflexos da mesquinharia oligarca é a quantidade de moradores de rua viciados em álcool. A droga maléfica que pode ser vendida e é bombardeada pelo marketing agressivo na grande mídia.

Eu não preciso te falar novamente quem são os donos das marcas de cerveja que tem no Brasil, ou os distribuidores das cervejas importadas. Para viverem suas vidas abundantes e de zero filantropia, eles podem vender vícios, que geram muito imposto para o governo, que é o melhor parceiro das relações de negócios com eles. Não importa se o novo governo é de esquerda ou de direita. Ambos atendem as demandas que a Oligarquia branca do Brasil cria.

Corrupção, drogas nos aviões da FAB, crimes políticos e o genocídio da população negra e pobre, sempre aconteceram. O que existe de diferente é a forma como esses governos se mostram ao povo. O Atual governo por exemplo, onde o presidente é uma cópia do *Hitler* e tem sobrenome de Messias, faz questão de escancarar para o Brasil que o genocídio da população negra e pobre deve continuar.

No governo anterior, onde se tinha uma mulher no poder, que foi derrubada com um golpe estratégico do vice-presidente, que assumiu o seu lugar (com o Supremo e com tudo), era feita a mesma coisa com a população negra. Porém, os cuzões eram um pouco mais discretos.

Quando estamos falando do pântano sórdido onde a Oligarquia reina, não podemos colocar a culpa em partidos políticos. Não posso deixar de alertar que os partidos políticos, são quadrilhas organizadas. Porém, quando estamos falando do alto escalão do racismo e dos responsáveis pela desigualdade social do país, os partidos políticos são apenas instrumentos, que os manuseadores maléficos utilizam para nos exterminar e manter o costume de família. Não é só humilhando a empregada doméstica negra que eles vão estar cumprindo o seu papel mesquinho. Eles não podem se deixar levar pelo simples fato de olhar de cima embaixo, com nojo e sensação de superioridade, para o piscineiro que limpa as piscinas de suas mansões e de seus condomínios de luxo. Isso não basta.

É preciso ver as nossas mães implorando na fila do SUS por um remédio que não cure a dor de cabeça, que por sinal, sempre existiu, mas nunca foi diagnosticada e tratada. Aquela dor que é o futuro câncer por consumir os alimentos baratos e vendidos nos supermercados de periferia, com todos os tipos de corantes, agrotóxicos, conservantes, sódio, gorduras trans, etc...

Enxergar a mesquinharia dos donos do sistema no país, vai além de apenas olhar para os resultados que o reflexo disso gera. É preciso pensar como o racista safado pensa. Mais uma vez, é preciso um olhar fora da caixa. A mesma propaganda que diz para você economizar água no seu banho diário, é do mesmo dono da Mineradora, do agronegócio, das infinitas plantações de eucalipto, ou seja, de todas as formas inventadas pelo ser humano de gastar água possível. Esse aí é o "cidadão de bem", preocupado com o consumo de água no planeta, que fala que eu tenho que ser ágil na hora de tomar banho, mas a piscina da casa dele tá sempre cheia, a banheira de hidromassagem é enchida e esvaziada diariamente, suas plantações estão sendo regadas e seus carros estão sempre limpos. Como assim eu tenho que economizar água?

Este tipo de pessoa só se preocupa com ele e sua família. Que se foda o restante. Esse é o clássico Neoliberal a nível federal, estadual e municipal. E é Comunista, Socialista, defensor dos direitos humanos, quando é o cu da família dele que está na reta. A mesquinharia deles está completamente ligada ao ego inflado e o individualismo do ser humano, com uma dose de necessidade de se sobrepor a quem quer que seja e diminuir os que estão em situação de vulnerabilidade, quando o assunto é poder aquisitivo.

Os descendentes dessa corja são os mais folgados e aproveitadores. Eles passeiam com seus carros ultravelozes nas áreas nobres das cidades, gastam dinheiro como se não fosse nada, gozam a vida em todos os sentidos possíveis, humilham os outros, bem da forma como aprenderam com seus pais. São os privilegiados, que ditam a "tendência" de quem merece ser privilegiado à sua sombra.

Eles atropelam pessoas nas ruas dirigindo bêbados e nada acontece. E eu não estou falando somente dos filhos, que tem nomes de super heróis e sobrenomes de genocidas, escravocratas e ditadores. Se você é favelado ou morador de qualquer tipo de periferia, você não pode tentar ser aceito pelo sistema. O sistema não gosta de você. E se você for negro, você está duas vezes mais encrencado e perseguido.

O oligarca, além de ditar as tendências e o que deve ou não ser consumido, carrega consigo, o discurso moral lotado de hipocrisia, e eu separei um capítulo só pra ele.

CAPÍTULO 9

*A hipocrisia travestida
de discurso moral*

Os donos do Brasil, que citei no capítulo anterior, além de ditar as tendências, são responsáveis pela maior carga de discurso moral, baseado em hipocrisia e diminuição da inteligência do próximo. Ainda mais quando esse próximo, é negro ou de menor poder aquisitivo. A hipocrisia carregada de discurso moral vem sempre do mesmo perfil. Homem, hétero e branco. O famoso "cidadão de bem". Eles vão trazer à tona, discursos do tipo: bandido bom é bandido morto, meritocracia existe no Brasil, racismo não existe, machismo é neura de mulher, família é somente homem e mulher, religião é o Cristianismo, etc.

São os responsáveis "intelectuais", por disseminar o ponto de vista hipócrita de quem está liderando a manada do sistema. O pior disso tudo é que eles conseguem inserir esses discursos na cabeça de outras pessoas que não raciocinam de forma crítica. Quem se baseia somente no que terceiros replicaram, não aprofundam nos assuntos e apenas são responsáveis por compartilhar notícias *fakes* sobre determinados temas. Os replicadores são os responsáveis por passar a visão distorcida, que o privilegiado oligarca cria como cultura de um país.

Ninguém usa de empatia, que é a arte de se colocar no lugar do outro, desprendido de tudo o que você acha que é o mundo. Quando você usa a empatia, tudo fica mais fácil de lidar e, você se colocando no lugar das pessoas, além de compreensivo, será mais humano, aprenderá e entenderá mais sobre você mesmo, como espécie.

Se o "bandido bom é bandido morto" for somente o favelado, de corpo esquelético, cara fina, cor preta, bigode fino e cabelo na régua, bermuda e bandoleira com fuzil de precisão, isso não é justiça. O nome disso é projeto de higienização racial e social. Se o termo "bandido bom é bandido morto", fosse igual para todo mundo, eu não teria nada o que reclamar. Ele tinha que servir também para o *Temer, Lalau, Eike, Joesley, Aécio, Bolsonaro, Lula, Color*, etc.

Quando o discurso fica só por conta do helicóptero da polícia, jogando granada em favela, e matando *Agatha's* com balas perdidas, que na verdade sempre tiveram endereço, que é o corpo preto em uniformes de escola, nas comunidades de todo o país, o nome disso é discurso moral carregado de hipocrisia.

Quando não se pondera a situação e não se vale da sensatez e empatia, qualquer tipo de discurso é preconceituoso. E quando eu digo preconceituoso, não falo somente do que reflete nas esquinas do Brasil. Digo preconceito em sua essência, ou seja, a forma como cada um aprendeu o que é mundo, aquela bolha em que vivemos e tendemos a achar que o mundo inteiro tende a ser igual, se é assim comigo.

O mesmo ocorre quando o assunto é meritocracia, como já mencionado nos capítulos anteriores. Não se pode falar em meritocracia no Brasil, quando todos não saímos do mesmo lugar. Quando não temos o mesmo tipo de acesso à cultura. Onde educação de qualidade é vendida e temos quase metade da população vivendo na faixa da pobreza. Não se pode falar em meritocracia quando se está em um sistema que sua estrutura e suas instituições são racistas. Para ficar mais fácil o entendimento, basta olhar para os diretores, presidentes, gerentes e cargos de chefia das maiores estatais do Brasil. 99% deles são brancos e com sobrenome europeu, herdado dos avós.

Eles são os primeiros a se valer do discurso meritocrático, ou então falam que seus avós e pais fizeram das tripas coração, quando chegaram da Itália no Brasil. A carteira deles é assinada pela primeira vez, como Diretor de empresa. Um cara desses não pode vir falar comigo sobre meritocracia. Não saímos do mesmo lugar.

A hipocrisia no discurso moral começa quando uma pessoa branca, não se vale da empatia e fala que racismo não existe no Brasil. Quando isso acontece, o branco está me falando que nunca comeu cebola, mas embora a sua textura pareça com a da maçã, logo ela tem gosto de maçã. Só se pode falar qual é o gosto da cebola, quem come cebola. Embora estejamos dentro da mesma estrutura social (textura da maçã e da cebola), não tem como uma pessoa branca (que só come maçã) saber exatamente o que é racismo, porque ela nunca sentiu "o gosto" (sentir o racismo na pele) da cebola.

Eles falam que aqui no Brasil, não precisamos levantar do ônibus para o branco sentar, igual era nos EUA por exemplo, na época da 13ª emenda. Quem pensa que o racismo precisa de uma lei para fazer com que nós negros não tenhamos acesso às mesmas benesses do branco, está pensando totalmente dentro da caixa. O racismo aqui acontece de uma forma ainda pior. Você que é negro está dentro de uma estrutura de sistema colonial e racista. Se você for pobre, você agora tem dois problemas e consequentemente duas vezes mais dificuldade do que qualquer pessoa branca. Quando se está dentro de um sistema racista, comandando por brancos, você passa a fazer parte das pessoas que são usadas neste sistema trabalhando no subemprego,gerando ibope, consumindo, ganhando medalhas em nome do país e votando.

A estrutura racista vai muito além das vagas de negros nas universidades federais. Ela ultrapassa a maioria esmagadora branca na TV, vai muito além da política, que tem apenas 10% de negros e, muito além dos maiores cargos das empresas serem ocupados por pessoas brancas. É uma estrutura montada para atender somente pessoas brancas. Desde a moda até o que comemos. É por isso que o racismo existe. Não é porque o branco, dono do discurso polido, diz que não existe racismo no Brasil, diz que não é racista e tem até amigos negros. O dono desses tipos de discurso são os machos alfa. Tratam mulher como objeto, diz que a luta feminista é falsa, que machismo não existe, etc...

Eles, mais uma vez, não se colocam no lugar das mulheres. Nem precisa ser inteligente para entender que um homem branco, pode sair de casa às 3h da manhã e caminhar pelo seu bairro, sem o risco de ser estuprado ou morto. Ele pode ser roubado, mas nunca vai ser estuprado, violado seus direitos de escolha de qual roupa estava, etc., ele não enxerga que mulheres recebem menor salário ocupando o mesmo cargo que os homens. Não querem entender que o mundo é uma estrutura machista e branca. Não entendem que os mocinhos dos filmes, sempre são os principais e vão sempre beijar a mulher frágil no final do filme. Eles não olham para suas próprias mães, mulheres que sem dúvida foram traídas pelos seus pais, que muita das vezes, os próprios filhos sabem dos casos extraconjugais e ainda assim, julgariam se a situação fosse contrária. Eles são machistas e homofóbicos também, além de religioso, nesse caso, em sua esmagadora maioria, cristão.

São os héteros que se sentem mal se veem dois homens se beijando na praça, mas morrem de tesão quando são duas mulheres, inclusive, até fazem propostas para o casal de meninas, perguntando se querem alguém para apimentar a relação. São os "cristãos" que ao invés de amar o próximo, quebram lampadas fluorescentes em suas costas, porque aquela pessoa se sente atraída por alguém do mesmo sexo.

Eles não fazem aquela reflexão do: "se dois homens beijando me incomoda, o problema não é com eles, é comigo". Se dois caras se beijam em uma praça pública, em um restaurante, no shopping, na igreja, ou na puta que te pariu, te incomoda, sinto muito te dizer. O problema está em você. Se você se diz cristão e tem esse tipo de atitude, vai por mim. Não foi isso que Cristo quis ensinar em sua breve passagem aqui na terra.

"Eu não sou obrigado a ver"...

Realmente não é mesmo. Você pode sair de perto, mudar de lugar de forma discreta (sim, o casal não tem nada a ver com você ser cuzão), seja um cuzão discreto pelo menos. Quem defende o discurso de que família é somente homem e mulher, não entendeu o que é o conceito de família. Família está ligada a amor e amor não está ligado ao que você tem entre as pernas ou como você usa isso. O meu pai foi um cuzão e saiu de casa quando eu tinha 10 anos de idade. Ele nunca mais voltou. Quem me dera, se ao invés de um arrombado, no lugar dele, fosse um casal gay, que me amasse como filho deles.

Mais uma vez, o hipócrita defensor do discurso da "família tradicional brasileira", devia se colocar no lugar de quem ele julga e se perguntar: Será que existe amor ali naquela família? Será que o filho se sente bem tendo dois pais, ou duas mães? (eu confesso que eu preferia ter duas mães, do que ter tido somente uma mãe guerreira e um pai cuzão, que abandonou eu e meus irmãos, por conta do álcool, que o playboy vende de forma lícita).

Agora a última e mais importante das perguntas. O que é que eu tenho a ver com a vida do próximo? Essa é a melhor de todas. Se você responder "nada" para a última pergunta, significa que você está começando a evoluir, para alguém que se preocupa somente com a sua vida (algo que pelo menos teoricamente, você pode controlar), e parou de se preocupar com a vida alheia.

A hipocrisia travestida de discurso moral, está em todos que ao invés de olhar para si mesmos, estão olhando a vida dos outros e tecendo juízos de valor, baseados na bolha em que nasceram e cresceram. Ao invés de parar e pensar: "talvez seja da forma como essa pessoa realmente está falando. Vou me colocar no lugar dela e tentar imaginar como seria isso, baseado em alguns fatos e dados que ela trouxe para a discussão". Eles preferem dizer: "Não é assim. Isso é vitimismo, é mimimi, todos somos iguais, meu pai teve que pagar aluguel, minha mãe trabalhava de costureira, a vida é assim, é preciso se virar".

Quem fala assim, não sabe exatamente o que é estar na pele de quem é minoria e, também nem faz questão de se colocar. Ele apenas está pensando em seu umbigo como centro do universo.

O pior acontece quando um negro de periferia não consegue enxergar o sistema em que está inserido e diz que meritocracia no Brasil existe, que não existe racismo e se ele venceu, qualquer um pode vencer. Existem duas formas de enxergar esse tipo de pessoa.

A primeira delas, é identificar o que ele mais vangloria, o que ele mais fala que foi importante para ascensão dele e como ele enxerga o mérito. Provavelmente, as respostas vão girar em torno do umbigo dele. Vão mostrar o quanto ele é foda, o quão guerreiro é, como ele foi resiliente. Isso é nada mais nada menos do que o Narciso dele, falando mais alto do que valores como, enxergar ao seu redor e identificar que somos pessoas que se parecem fisicamente, mas pensamos completamente diferente, tivemos infâncias diferentes, traumas, dramas e conquistas diferentes.

A segunda forma, que no meu ponto de vista faz mais sentido, é entender que ele está dentro de um sistema, desenhado por brancos, descendentes de europeus, que invadiram esse país em um passado remoto, colonizou e depois "o fez livre", mas continuou mandando em tudo aqui, valendo-se de um sistema que eles controlam tudo, inclusive, o subconsciente de negros que não se despertaram para a negritude. A negritude é o que nos dá o entendimento sobre todas as tempestades mentais, conscientes e subconscientes, que pessoas negras passam desde a infância, baseadas em experiências com o racismo, que se unem na sua mente para te dizer o quão feio, burro, vitimista, incompetente, etc., nós negros somos. Com a busca pela negritude, a gente quebra as construções psicossociais que o racismo germina em nosso subconsciente, dessa forma, fica impossível parar um negro que é desperto de sua negritude. A gente entende o quão forte, inteligente, competente, líderes e lindos somos. Fica fácil compreender *Colin Kaepernick*, quando ele diz: "Trust the power" (confie no poder), é tudo o que os *Black Panther* queriam que a gente entendesse.

O negro que "venceu na vida", e acredita em meritocracia, viu tudo rodar no seu umbigo. Mérito para ele, porém, falta empatia e humildade, e sobra ingratidão. Digo isso, porque eu me encontro na posição desse negro que estou mencionando. E confesso que por mais que eu me ache um cara muito foda, sei que tive sorte. A mesma sorte que meus colegas de infância não tiveram e morreram de graça. A mesma sorte que faltou para um parceiro que foi fazer um corre, pela primeira vez e, foi morto na ação. Quando você se coloca nesse tipo de posição, chegamos na famosa conta do 0,00001% que deu certo, contra 99,9999% que deu errado. São os *Geraldos Rufinos*, os *Celso Athayde*, os *Lázaro Ramos* e *Taís Araújo*, as *Majus*, etc...

Lembre-se que mérito é diferente de meritocracia, ok? Mérito é o resultado do esforço individual, meritocracia nos tenta enfiar goela abaixo, que todas as pessoas no país, tem as mesmas condições de "vencer na vida". Essa é a mentira mais baixa que eu já vi, depois da frase "o racismo não existe".

Não pense que falta competência ou seja preguiça dos negros. O que nos falta são oportunidades iguais, em um sistema desenhado para que brancos se dêem bem e negros se dêem mal. O negro que acredita em meritocracia no Brasil e que alcançou ascensão social, nesse caso, "venceu na vida", não é nada além de alguém que está replicando o que o sistema o ensinou desde criança. O problema é que ele olha apenas para ele e esquece a esmagadora maioria, que prova o contrário.

Eu não quero fazer você pensar que não somos capazes de disputar com um branco e privilegiado. Somos capazes de disputar, porém, nunca vai ser uma disputa justa. Se você é negro e pobre e vai disputar uma vaga, qualquer uma que seja, contra um branco de classe média, a sua chance de perder, independente se o branco é mais incompetente do que você, é enorme. Tudo isso devido a estrutura racista a qual estamos inseridos. Lembra qual é a moeda de troca que pessoas brancas utilizam, umas com as outras, formando uma rede forte de pessoas que se ajudam mutuamente? O nome dessa moeda é privilégio. Como mencionado várias vezes no decorrer deste livro, é preciso enxergar fora da caixa e respeitar os números.

Vi privilegiados nas *Startups* que trabalhei, que são ótimos exemplos de pessoas incompetentes, em cargos que não mereciam estar. Elas ocupavam cargos de chefia, embora a empresa em que trabalhavam tenha sido o seu primeiro emprego, às vezes era tão na cara de pau, que a pessoa não tinha nem mesmo 1 ano que estava na empresa e já era chefe. O mais impressionante é o discurso polido de "se você se dedicar e trabalhar duro você vai vencer". Vai se foder mano, na moral!

Se dedicar e trabalhar duro? É o primeiro emprego do privilegiado e o cara já é o meu chefe, mesmo eu tendo um currículo invejável, falar 3 línguas e ter mais experiência. Eu tô no mercado de trabalho desde 2001 com carteira assinada e até hoje eu não atingi esse cargo de chefia aí. Eu sempre trabalhei duro. Sempre me dediquei nos trabalhos, embora sempre tive dificuldades com chefes que nunca foram líderes. Sempre bati boca. Ainda mais os que, profissionalmente, não demonstravam capacidade de ocupar tal cargo.

É aquela coisa de: "se você não sabe onde eu quero chegar, não me diga o que eu tenho que fazer".

Por isso eu sempre tive a veia empreendedora em mim. Nunca gostei de receber ordens de quem não sua a camisa. Sempre tive dificuldades de aceitar ser mandado por alguém, mais incompetente do que eu, não somente como profissional, mas como ser humano. Nunca consegui obedecer chefes, mas sempre obedeci, admirei e me inspirei nos líderes. A pior parte disso tudo é que os tipos de chefes, que não são líderes, são os melhores discursadores acerca da hipocrisia, travestida de discurso moral. Sempre dão exemplos do tipo: "na empresa do meu pai, os funcionários fazem isso e aquilo"... No final, sempre vem carregado de um discurso escravocrata e hipócrita.

Eu vivi na pele um exemplo desses com um chefe cuzão em uma das Startups que trabalhei (fiquei 1 mês lá e mais pra baixo você vai entender porquê). Ele era aquele *playboy*, filho de empresário, branco, cabelo liso, curtidor de sertanejo universitário e andar de lancha em Escarpas do Lago. Vivia discursando falas imbecis de seres do tipo *Bolsonaro* e como aquilo era importante para a economia do país.

Me lembro na minha primeira entrevista nesta Startup. Ele foi o primeiro que conversei. Eu fui muito bem indicado pela empresa anterior e como já haviam falado da minha fama de *hussle* (correria), na empresa anterior, o supervisor cresceu o olho, já que o trabalho era focado em converter vendas para o negócio. Eu como atleta de futebol americano, que já havia trabalhado na maior *Startup* de Marketing de Conteúdo da América Latina, tinha feito números incríveis e demonstrado uma força ímpar, quando o assunto era trabalho duro. Fui muito bem requisitado pela nova empresa.

No dia da entrevista, o dito supervisor foi o primeiro a conversar comigo. Eu estava com o cabelo *Dreadlocks* e esse cara não parava de conversar comigo e olhar para o meu cabelo. Quem é negro e mantém a cultura afro a flor da pele, ou a flor do pêlo, sabe como o nosso cabelo incomoda racista.

Fiz a entrevista, fui muito bem, fiz outra etapa com o gerente e comecei na outra semana. Dentro de uns 20 dias que estávamos lá, esse supervisor, veio com brincadeiras sobre o meu cabelo. Ele disse que meu cabelo parecia com o do *Sideshow Bob*, personagem dos *Simpsons*, porque era um dreadlocks. Toda a sala ficou calada, para ver a minha reação e eu fui sangue frio na hora de responder. Eu disse que não sabia quem era, e quando ele me disse quem era o personagem e me mostrou fotos, eu realmente disse que meu cabelo parecia com o do personagem e eu só precisava pintar ele da cor. Concluí com: "Que bom que meu cabelo tem todo esse volume, porque tem gente que nem tem", e olhei para o cabelo dele. Era o clássico cabelo de *Enzo's, Joaquin's e Henrique's*; liso e ralo, que expõe uma careca bem exposta na testa, devido à queda dos cabelos. Ele ficou todo sem graça, a galera da sala toda riu dele e segui trabalhando. Eu nasci e cresci na rua do *Sementinha, Willian, Dêgo, Gulin, João Carlos* e *Cláudio*. É impossível fazer *bullying* com a gente.

Duas semanas depois, estava eu recebendo mais uma proposta para trabalhar na maior *Startup* de tecnologia do Brasil e uma das 250 melhores empresas para se trabalhar no mundo. Não exitei e fui pra lá, fazer mais um sócio e tocar meus projetos, sem nenhum cuzão, *playboy* e privilegiado me falar o que eu devo ou não fazer.

O mais interessante eram os discursos desse cuzão. Exatamente da forma como eu disse acima... Falava coisas sobre o porte de armas, zuava as gírias de favelado, dizia que bandido bom é bandido morto (desde que o bandido não fosse o pai dele, que sonega impostos nas empresas dele, inclusive, mencionado pelo próprio filho, falando que tava certo). Esse é o clássico "cidadão de bem", cheio de discurso moral hipócrita e o famoso, "faça o que eu digo, não faça o que eu faço".

Defendem a pena de morte, se a pessoa que vai receber o veneno intravenoso, tiver as minhas características e vier de quebradas parecidas com a minha. E babam ovo de quem desvia bilhões, se envolve em corrupção, é envolvido com as milícias, desvia dinheiro público em contas na Suíça, sonega impostos, tem animais silvestres presos em gaiolas em casa, usa Windows falsificado, para em vaga de deficiente, fura filas, e todas as outras coisas que os "moralistas" são mestres em fazer.

São tão defensores da família e dos bons costumes, desde que não seja contra eles, a traição com 6 prostitutas, igual foi o caso do *João Doria*. Se a situação fosse contrária, era a favor de fuzilar a esposa em praça pública, porque ela desrespeitou a família. São hipócritas a esse ponto.

Incriminam quem defende o aborto, por se dizerem a favor da vida. E essas mesmas pessoas, são as que batem palmas e comemoram como se fosse gol de final de copa do mundo, quando o jovem negro de bermuda e sem camisa, está com um fuzil na bandoleira e é abatido pelo atirador de elite do CORE, no alto de um dos milhares de morros do Brasil. Pronto! Enfim, agora a paz, a dignidade e o progresso vão reinar na pátria amada Brasil. O cancro do país acabou de cair, sem vida, lá no alto daquele morro que ele não sai de lá por nada.

Eles dizem que o funk é perigoso, que é uma baixaria, que a ação da polícia que deixou 9 mortos em Paraisópolis, foi efetiva, e que os policiais não devem ser punidos, que para não morrer nas mãos da polícia, é só não ir no baile funk. Mas nas *raves* em que sua gente branca e privilegiada se encontram, nas festinhas em Escarpas do Lago, nas festas de formatura e calouradas de suas universidades, nos shows, que por sinal, são feitos exatamente pelos mesmos funkeiros que tocam nos paredões das quebradas, tocam o mesmo funk. Os defensores desse discurso hipócrita, são os mesmos que dançam e vão para os rolês que tocam funk, para pegar mulher e usar as mesmas drogas que na televisão eles repudiam.

Um aspecto interessantíssimo que está acontecendo no atual governo enquanto escrevo este livro é que o Governo *Bolsonaro* é o rei do discurso polido e moral, embora as situações que vem se mostrando por trás sejam derradeiras. No governo anterior de *Temer, Dilma e Lula,* também aconteciam as mesmas coisas, porém, como muito bem exposto pelo Rapper Belorizontino, Djonga - "pelo menos antigamente esses cuzão era discreto".

Mas por que eu cheguei nesse assunto? Eu como homem negro e de periferia, sempre vi a polícia abusando, acho que isso já ficou claro nos capítulos anteriores, bem como minhas primeiras experiências com a polícia, ainda na época em que eu era criança. O que quero dizer com isso é que o racismo, o abuso policial, a corrupção, a safadeza de governos, não passou a existir no momento em que a elite brasileira convenceu o povo a colocar um jegue na presidência. Isso sempre existiu.

A diferença de antigamente é que era embaixo dos panos. Não era mencionado pelo presidente da república que bandido bom é bandido morto. Não era mencionado por uma autoridade que devia dar bons exemplos de conduta e ética, não só para o brasileiro, mas também para o restante do mundo. Antigamente um presidente não falava com uma repórter que ela tem o suvaco fedorento, por ser feminista e não raspar embaixo do braço. Como se somente a repórter fosse ser humano, logo, a tendência de existir o odor. E como também o suvaco dele fosse cheiroso, já que ele é o héterotop e provavelmente, não raspa as axilas.

Antes desse governo, a polícia já matava acima da média mundial, os negros também eram descartados, exatamente como é hoje. A diferença é que a forma como o atual governo trouxe à tona, mostra como sendo algo bonito, o atirador de elite tirar a vida do sequestrador e o Governador comemorar, com os braços para o ar, como se estivesse conseguido com o governo federal, mais verbas para a educação pública do Rio de Janeiro.

O presidente atual e seus filhos, sem dúvida nenhuma, estão envolvidos até o pescoço com as milícias do Rio de Janeiro. Nem precisa ser inteligente pra entender isso. Só é preciso olhar um pouco fora da caixa e enxergar o que já está mais do que a um palmo de nossos narizes. É preciso muita ingenuidade para não entender que não se pode atravessar 39 kg de cocaína, em um avião da FAB, direto para a Espanha, se o patrão (dono da cocaína) e o presidente da república, que vai pegar um avião idêntico, porém, alguns minutos depois, não tiverem contato. É muito lógico isso.

No mundo do crime organizado, um patrão do pó não deixaria sua mercadoria viajar para outro país, sem saber a rota que ela está indo, quem está transportando, quem vai comprar do outro lado e aonde vai ser a entrega da mercadoria e do dinheiro. O mesmo vale para quem é presidente de um país.

Vamos pensar juntos. Você é presidente de um país, acabou de ganhar as eleições, têm um discurso totalmente contra o crime organizado, vive gritando aos quatro ventos que "bandido bom é bandido morto" e se diz perseguido pela oposição.

Se você fizer uma pesquisa rápida no *Google*, vai ver que o contingente ativo das forças armadas do Brasil, é algo perto de 350 mil pessoas. Dentre essas 350 mil pessoas, estão os 21 responsáveis pela segurança do presidente da república. Se você é o presidente de um país como o Brasil e diz que foi um ótimo militar no passado, o mínimo que você deve fazer, como chefe do executivo, é vasculhar a vida das 21 pessoas que serão responsáveis pela sua segurança, afinal, se você já é um presidente perseguido pela oposição, você não vai dar mole de ter um inimigo na sua equipe de segurança.

A pergunta que se tem que fazer é a seguinte: você é presidente da república e não fazia ideia que uma das 21 pessoas que são responsáveis por sua segurança, estão envolvidas com o narcotráfico?

Todos sabemos que o governo sabe tudo de nossas vidas. Eles só precisam do nosso número de CPF. Por que os responsáveis pela segurança de um presidente da república, não tem sua vida revirada de ponta cabeça, pela polícia federal, para identificar, sequer algum erro que você anda cometendo? Como assim, alguém que vai atravessar o oceano, protegendo a integridade física do presidente da república, não tem sua vida investigada pelo maior órgão de investigação do país?

A polícia federal consegue investigar crimes super difíceis de resolver, inclusive, eles encontram *hackers* que estão atrás de computadores, mas não conseguem vasculhar a vida de 21 militares das forças armadas? Fato é que, existem fotos do presidente e de seus filhos, com o mesmo militar que foi preso desembarcando na Espanha, com 39 kg de cocaína. O que demonstra a amizade deles.

O presidente e seus familiares sempre estão "perto" do crime, você já parou para pensar nisso? O mais estranho, é que o discurso moral hipócrita dele, mostra completamente o contrário. Algo de criminoso sempre acontece aos arredores da família tradicional cristã brasileira do clã *Bolsonaro*. Eu acho muita cara de pau o discurso moral destes caras.

Eu mesmo, que tenho vários amigos que foram para o mundo do crime, não estou tão próximo dos acontecimentos, quanto o presidente da república e sua prole estão. Quando o cara não tá envolvido com 39kg de pó, atravessando para a Europa, seus filhos estão no esquema de rachadinha no gabinete, estão envolvidos até o talo com as milícias do Rio de Janeiro, escritório do crime com *fake news*, ou estão recebendo em seus condomínios, os responsáveis pelo assassinato de *Marielle Franco*.

Como assim as pessoas ainda não enxergaram isso?

Olhando para fora, para outros países aqui da América Latina, ficou claro que o crime organizado tomou conta dos maiores cargos políticos. O Brasil está apenas refletindo hoje, o que já está acontecendo a 20 ou 30 anos no México, Colômbia e Bolívia, com a ação dos cartéis. O crime organizado entendeu que melhor do que comprar os políticos, é colocar um criminoso em um desses cargos, mantendo a lealdade do cartel acima de tudo e buscando o que o crime organizado sempre esteve atrás. PODER.

Os cartéis sempre tiveram grana, nunca foi um problema pra eles ter dinheiro. Inclusive, vários cartéis têm mais dinheiro do que países subdesenvolvidos, talvez até mesmo mais dinheiro do que um continente inteiro.

Eles perceberam que somente dinheiro, não os levaria a saltos tão distantes no crime. Entenderam que era necessário ter peças fundamentais nos maiores cargos políticos, para que pudessem se fortalecer. Basta olhar para o presidente do México que no final de 2019 prendeu *Ovídio Guzmán,* o filho de *El Chapo Guzman*, mas foi obrigado a soltá-lo, quando o cartel de Sinaloa travou uma guerra contra o Estado para buscar o patrão.

Questionado em entrevista, o presidente disse que o México já viu que não se pode travar uma guerra contra os cartéis. Isso já havia sido feito antes e transformaram Sinaloa em um cemitério. O mesmo presidente disse que soltar *Ovídio Guzman* não significa que o Estado não está sendo punitivo e sim, está sendo precavido com a vida dos cidadãos de Sinaloa.

Eu fico imaginando a negociação por trás disso tudo. A mesa que insinuei em minha música: "Sente-se à mesa do sistema", é exatamente uma negociação entre políticos e crime organizado. E se você prestar bastante atenção na letra daquela música, eu menciono o ex-presidente Lula, entre um dos integrantes da reunião. É interessantíssimo mostrar esse lado da música, para deixar muito claro o meu ponto de vista e também explicitar a minha ideologia, que tem em sua máxima a denúncia e não os políticos de estimação.

Eu não tenho lado político. Tô pouco me fodendo se é a esquerda ou a direita que está no poder do nosso país. Sei que as decisões vêm de fora, vem da Oligarquia que representa 1%, mas é dona de todo o país. Sei que a decisão, mais tem a ver com o que um *Joesley* da vida, tem como objetivo financeiro, do que o que o povo realmente necessita.

Sei que independente de *Lula, Dilma, Temer* ou o imbecil do *Bolsonaro*, o país tá pouco se fodendo pra você, se você é negro ou é de periferia. E sei também que em todos os governos ou formatos políticos, ambos vão se preocupar apenas em atender favores e desejos próprios. Como dito anteriormente... Para se fazer mudança em um país é preciso amor... E os abraços e tapinhas nas costas que vemos no plenário, nada tem a ver com o amor.

Para existir o amor, é preciso existir a verdade acima de tudo... E política não se faz com a verdade. Política é como o próprio nome já fala, é apenas política. É ser político e não ser sincero. É saber agradar ambos os lados, é saber jogar o jogo e se envolver com pessoas e negócios que não são verdadeiros.

A única diferença do governo Bolsonaro para os governos anteriores, é que ele fala o que os outros governos escondem com o pano quente. Ele mostra que é racista, homofóbico, machista e imbecil... Os governos anteriores, usam a politicagem, para fazer a mesma coisa, mas de forma discreta.

Não precisa mais do que dois neurônios para entender que o *Bolsonaro* e sua família estão querendo implantar uma ditadura Nazifascista no Brasil. Os discursos, a forma de agir e a política envolvida, são idênticas aos dos maiores ditadores da terra. E o pior de tudo é que a reação do povo, como nação, também é idêntica à dos povos que foram fodidos, com os ditadores que estavam no comando de suas nações.

No livro "Arriscando a própria pele" de *Nassim Nicholas Taleb,* ele fala que não se pode acreditar em quem usa terno, fala sobre trabalho duro, mas não tem "músculos à mostra". O que o autor quer dizer, nada mais é do que viver o que você fala que é. Não acreditar em discursos de quem fala que trabalhou muito para chegar até onde chegou, mas não tem "calos nas mãos".

Quando eu olho para os hipócritas e seus discursos morais polidos, rebuscados e com um português infalível, automaticamente me aciona o "sensor de hipócrita" e eu já fico de antena ligada para o sujeito. No momento que escrevo este capítulo, que pretende expor um pouco o meu ponto de vista sobre as falas hipócritas travestidas de discursos morais, estamos na semana pós carnaval 2020.

As escolas de samba são ótimas para expor o que a Elite e os hipócritas do Brasil mais odeiam. Chama-se verdade esfregada na cara.

Foi um tapa na cara, o que fez a Estação Primeira de Mangueira, escola de samba que por sinal, eu tenho simpatia e "torço", devido a história do Sambista Cartola e de referências como Mussum e o Bar do Cacá, que é Verde e Rosa e se situa dentro do meu bairro. É um samba de raiz muito conhecido em todo o Brasil.

A Mangueira neste ano, abusou da "isca" para colocar racistas e hipócritas pra fora de suas tocas. Com um samba enredo falando sobre racismo, em um de seus carros alegóricos, tinha a imagem de um jovem negro crucificado, com o cabelo tingido de loiro, com a escrita "negro" acima de sua cabeça. Seu corpo tinha marcas de furos, ele tinha tatuagem de um crucifixo no pescoço e também um bigode bem fino.

Bastou isso, para os ditos "cristãos" e "cidadãos de bem" falar que era blasfêmia, que Jesus não era um bandido (sim, já colocaram a imagem que estava crucificada como um bandido, já que ele tinha a pele negra, cabelo loiro e bigode fino). Foi exposto por parte dos hipócritas, a estereotipação de quem é bandido e quem não é.

Como se não bastasse o racismo e o discurso hipócrita, não faltou também a falta de informação por parte de quem deveria ter mais informações, acerca de sua própria fé, já que Jesus foi crucificado como alguém que não respeitou as leis, logo, considerado bandido. A escrita "este é o rei dos judeus" é uma ironia de Roma ao que Jesus pregava. Se Jesus voltasse com cor preta e cabelo crespo, ao invés de ser aquele surfista californiano que a mídia vende, os maiores fiéis dele o crucificariam novamente, porque ao invés de se atentar ao coração, como o próprio Jesus disse, se atentam ao estereótipo de quem é dito honesto ou não, de acordo com a cor de sua pele e sua textura capilar.

O falso discurso moral acerca da religião, além de perigoso é imbecil. A esmagadora maioria de quem "defende" Deus, é desinformada e nada empática. Fico pensando como um Deus que cria universos é capaz de escolher na terra alguém tão burro para representá-lo. Nunca é um *Leandro Karnal* ou uma *Katiúscia Ribeiro*, quem representa aquele Deus. Sempre é um pastor, de uma igreja de bairro, com o terno maior do que o seu corpo, camisas e gravatas de cores extravagantes, falando um português errado e com o corpo esquelético.

Esse tipo de pastor é aquele que dá ouvidos a alguém que

finge ser informado, mas na verdade é safado, e começa a replicar aquilo como se fosse uma verdade única e absoluta. Ele nem faz questão de ler e interpretar o que está escrito. Apenas sai gritando aos quatro ventos, replicando as mentiras que os pastores charlatões, que estão acima dele na escala hierárquica de suas igrejas, decidiram em suas reuniões políticas, regadas a prostitutas e drogas em suas fazendas.

Eu nasci em um lar cristão. Fui forçado a ir à igreja até a minha vida adulta. Vi tanta safadeza, tanta gente incompetente em cargos altos nas igrejas. Li a bíblia, para tentar entender e interpretar as coisas da minha forma, e não da forma como a pastora que pediu a correntinha de ouro da minha mãe, como oferta de sacrifício no culto e, 7 dias depois, já estava com ela no pescoço no altar.

Quando o discurso mentiroso da religião encontra o discurso mentiroso da política, temos a união das duas maiores fontes de mentira da terra juntas, nas mãos de um ser que é capaz de inventar doenças para lucrar com remédio. O gameta que fecundou o útero da mentira religiosa, após o coito com a mentira política, é o que mais tarde será o bebê da hipocrisia. E num futuro próximo, será o adolescente que brada discursos de "bandido bom é bandido morto", desde que não seja da família dele. Por fim, vai ser o chefe de alguém, em algum cargo ajeitado pela moeda do privilégio branco, vai continuar replicando o discurso moral e hipócrita, gerando novos replicadores do mesmo discurso, que no final, culmina na morte de pessoas parecidas comigo e no sucesso de mais pessoas parecidas com ele.

Eles não me enganam. Me dá meu revolver enquanto Jesus não vem...

CAPÍTULO 10

*O sangue do morro é o
combustível do jato*

Quantos pobres são necessários para se construir um horário nobre?

Quantas doenças são necessárias para que alguém que "inventou" a cura, possa andar de Ferrari em Dubai?

Quantos milhões de votos um político precisa, para que ele possa aproveitar a vida, navegando nas gôndolas de Veneza, enquanto a dona *Maria*, favelada, aguarda atendimento no chão da UPA?

Quantas cervejas precisam ser vendidas para que os responsáveis pela Ambev possam ficar 60 dias nas ilhas Maldivas?

Quantos cigarros o caminhão da *Philip Morris* precisa entregar, para garantir o câncer para uns, enquanto as benesses da venda do tratamento de câncer, vão para as empresas que faturam alto na indústria farmacêutica?

Quantas vezes um pobre precisa dizimar e ofertar na igreja de charlatões, para que o pastor *Valdomiro* tenha 4 helicópteros e a pessoa que cumpriu com seus deveres cristãos, passe dificuldades em casa?

Quantos ingressos do jogo no Maracanã precisam ser vendidos, para que o responsável pela grana possa jantar no Faisão e o periférico que come arroz e feijão, possa ir lá no estádio, se matar contra a torcida adversária pelo "time de coração"?

São perguntas que fica notável perceber em qual calha, o fluxo de dinheiro está seguindo e, no final das contas, quem tá se fodendo. Nada dá mais dinheiro do que pobre desinformado. O nome "massa" não é à toa. Como muito bem dito por um professor de Sociologia que eu tive no ano de 2006, no curso de Direito que eu abandonei:

"O termo "massa" não é à toa. A massa pode ser modelada da forma como o manuseador quiser".

Quem faz parte da massa e é desinformado, vai seguir apenas os moldes que o dono da "padaria" chamada sistema, moldar para que você siga. Você nem mesmo vai ter a simples noção de que estamos em guerra e, o pior de tudo, nosso inimigo é quem está te moldando.

O privilegiado, dono de tudo aqui e comentado nos capítulos anteriores, lucra exorbitantemente, com tudo o que é lugar onde estão trabalhando as engrenagens maléficas do sistema. Sempre vai existir alguém, em sua esmagadora maioria branco, lucrando em qualquer que seja, alguma das engrenagens do Sistema. Do crime organizado à religião, do Legislativo ao Executivo, do Judiciário ao Sistema Prisional, da mídia à economia, etc.. Seja qual for a engrenagem, no final das contas, os responsáveis por ela lucram. O pobre, o povo, o desinformado, se fode.

Por isso "o sangue do morro é o combustível do jato". Não só porque é mais uma das frases cítricas do Facção Central, mas também porque o *Eduardo Taddeo* conseguiu se expressar muito bem nessa frase e talvez, o desenrolar deste capítulo, seja um resumo do que eu entendi e estudei desse verso.

Os donos do sistema entenderam no Capitalismo, que era necessário manter pessoas desinformadas para "ligar as máquinas". Alguém precisa acordar cedo, largar a família em casa, atravessar a cidade em um ônibus lotado, encarar 2 horas de trânsito, para ligar as máquinas, no centro das grandes metrópoles. Não pense que os filhos dos donos que vão fazer isso. É mais barato pagar alguém desinformado, uma mixaria, com o subterfúgio de "caso não queira, tem mil na fila lá fora, querendo o seu lugar".

O pior de tudo é que quando você consegue entender que o que falta é informação, ensino e cultura de qualidade, fica notável o quão maldoso o sistema é. Quando você tira a liberdade de alguém, por exemplo, mantém uma pessoa encarcerada, você está tirando quase tudo dessa pessoa. Porém, quando você não permite que essa pessoa se desenvolva intelectualmente, é uma prisão ainda mais dolorosa do que a física.

Quando um país vende educação de qualidade, ele está me mostrando que é preciso ter pobres estudando em escola pública, logo, com ensino de péssima qualidade e zero incentivo e, ricos estudando em escolas particulares, que são completamente superiores às escolas públicas.

E eu nem preciso te falar quem mais se beneficia com pobre desinformado né?

Se você olhar para a televisão com um olhar mais maldoso, tentando entender as nuances de uma propaganda, seu horário, qual é o programa que está passando naquele momento, você vai perceber que o mercado se adapta, para atender a população pobre, com conteúdos que pobres vão consumir.

Se olhar no horário da novela por exemplo, você vai ver muitas propagandas das *Casas Bahia, Ponto Frio, Magazine Luiza*, vendendo eletrodomésticos, móveis e eletrônicos para as "donas de casa". Ao mesmo passo, o Governo Federal aparece com suas propagandas hipócritas, falando sobre os programas de incentivo. São propagandas com famílias felizes e mensagens nos levando a imaginar que está tudo bem no paradisíaco Brasil.

Faz 7 anos que eu aboli a televisão da minha vida. Eu não tenho TV no meu apartamento. Mas eu vi de relance, uma propaganda na TV aberta, dizendo que a Globo é "agro". Isso não é nada além de incentivo de bancos e grandes empresas, tentando abafar o que está acontecendo com a nossa Amazônia.

Eu não duvido que nos próximos anos, vai aparecer político empenhando esta bandeira, dizendo que é agro, que está preocupado com o nosso planeta e com a qualidade dos nossos alimentos. O povo vai comprar a balela e o pior de tudo, vai votar nesse candidato, que sem dúvidas, começou a investir na propaganda de seu "ideal" futuro, ainda antes de botar as caras. Contudo, adivinha quem vai bancar a campanha política do candidato "Agro"? Se você pensou que são as empresas envolvidas com esse "tema", você acertou em cheio.

Sempre vejo a TV buscando criar esta imagem positiva e moderna do latifúndio, o que mascara a real imagem do campo, já que tem pessoas trabalhando em situações análogas à escravidão. Uma apologia à semifeudalidade e semi colonialidade.

A Globo diz que *"Agro é Pop, Agro é Tech, Agro é Tudo"*... Logo mais, os responsáveis pelo financiamento deste tipo de propaganda, neste caso, as empresas envolvidas e que injetaram dinheiro, vão "lançar" seu candidato que vai ser o "salvador" do Brasil e, ao final de tudo isso, você já sabe onde vai dar.

Eu não sou nenhum vidente. Apenas estou apontando a minha seta para a lógica do sistema. Enquanto escrevo esta parte do livro, estamos em março de 2020. Espero entregar ele, antes do próximo candidato que vai ser financiado por toda essa baboseira, que o povo vê na TV. Quero que lembre dessa parte do livro, quando ver o candidato na TV, bradando seus discursos defendendo o latifúndio.

E quer saber algo ainda pior? A esmagadora maioria das pessoas que vão votar nele, não fazem ideia do que é latifúndio. Os 200 milhões que são condenados a sentença capital diariamente no Brasil, pouco faz ideia do que leem, isso quando conseguem ler algo. Estou falando dos 92% que estão entre conseguir ler um texto e entender, usando a interpretação, embora não consiga perceber alguma crítica ou ironia colocada nesse texto.

Dentro desses 200 milhões está o povo. A massa de manobra. As pessoas que vão receber educação fodida, saúde fodida e segurança fodida. As pessoas que não fazem parte do dito sangue azul, que comanda essa porra toda aqui. E dentro dessa massa, está mais uma massa chamada pessoas que vivem na pobreza. Pessoas que vivem com uma média de R$233,00 por mês e moram nas periferias. Ou favelas para os mais íntimos. Algo perto de 25 milhões de pessoas.

Embora os 25 milhões seja um número baixo em relação aos outros 200 milhões, algo próximo de 12,5%, tem algo super interessante relacionado a esse número tão pequeno em relação a toda a massa brasileira. Chama-se lucro exorbitante de uma parcela mínima para outra parcela mínima.

Como assim Adam?

Como dito anteriormente, o Brasil tem cerca de 214 milhões de habitantes segundo o IBGE. Desse total, 30 milhões compõem as classes A e B e essa classe, em geral, lucra excessivamente com o sangue dos outros 25 milhões que vivem à míngua. Por isso o sangue do morro é o combustível do jato. O sangue do morro é responsável por girar as engrenagens do sistema, no qual os 30 milhões de privilegiados *playboys*, são donos.

Lembra que eu disse nos capítulos anteriores que uma pequena parcela da população, composta por uma Oligarquia branca, ditava tendências? Pois é, vai por mim, até mesmo no tráfico de drogas, onde o negro magrelo, sem camisa e de fuzil de uso exclusivo das forças armadas, acha que é patrão, o sistema dita tendências.

Quer entender melhor?

O negro que acha que é patrão de uma favela, não pode viver, se a droga não chegar até ele. Essa droga vem desde os helicópteros de *Perrelas*, até submarinos e aviões da FAB. E não pense que o favelado que acha que é patrão, é responsável pela logística cara e de última geração. Quem consegue fazer isso, está dentro dos 30 milhões de playboys. Vocês os chamam de empresários, doutor, mito, etc...

O favelado não tem nem RG e acha que é patrão de algo. Sim, ele é patrão no morro dele. Saiu dali, ele é apenas mais um favelado que num golpe de estado, o Governador do Rio sai ileso e ele toma 30 anos no fechado.

Desde o momento, que o cara que nunca pisou em uma favela, vai até lá e faz sua campanha política, regada a abraços, beijos em crianças, tchauzinho para o aposentado sentado na cadeira de rodas e, como dizia *Bezerra da Silva, "foi lá na vendinha e bebeu cachaça. Até bagulho fumou"*, ou seja, tenta fingir que aquele cenário não é o que ele repudia dentro de sua casa. Desde este momento, é um investimento do *playboy* para conseguir votos. Depois de eleito, ele vai te dar de presente um caixão lacrado. Ele vai passear de cavalo Manga Larga e a polícia orquestrada por ele, vai invadir a casa de quem votou nele, para matar os seus filhos ou roubar whisky, carne, caixinha JBL e centavos.

É preciso pensar que há seres humanos no poder, logo

já se presume que não há ninguém perfeito, pelo contrário, são seres corruptos por natureza. O ser humano tem em si a corrupção. Seja estacionando em local proibido ou furando filas, ou desviando bilhões da educação de um país.

Logo podemos concluir que para um político safado desfilar de Jaguar, é preciso a minha filha estudar em escola pública sucateada. É preciso a minha mãe ter que comprar os remédios de pressão, que deveriam ser entregues no posto de saúde do meu bairro.

Para um *Perrella* ou um *Aécio Neves* viajar o mundo e jantar nos restaurantes mais caros que o ser humano já conseguiu inventar, é preciso que o policial, atravesse com um tiro de fuzil, o corpo de mulheres grávidas, como foi o caso da modelo *Kathlen Romeu*, no Rio de Janeiro.

A guerra ao tráfico de drogas só existe, porque a graxa responsável por lubrificar a engrenagem da violência do sistema, é o sangue dos excluídos. E isso é lucrativo para quem controla tudo. É impossível um Coronel da PM ter fazendas, casas e carros luxuosos, sem que a periferia sofra de forma direta ou indireta. De forma indireta, além da população não poder contar com mais um funcionário público, para "proteger e servir", ela ainda está contando com mais um inimigo na criminalidade. Um inimigo que ajuda a movimentar a máquina do tráfico de drogas, tráfico de armas, construção de prédios em áreas de preservação ambiental sem liberação da prefeitura, prostituição de mulheres, lavagem de dinheiro, etc. De forma direta, mostra o verdadeiro sentido do único órgão Estatal, que tem incentivo para entrar em favela e executar pessoas, cumprindo a agenda e os planejamentos do sistema.

O resultado de uma ação policial em sua grande maioria das vezes, truculenta, a gente já conhece dos jornais. E é preciso deixar muito claro, que é besteira pensar que isso só está acontecendo porque temos um jegue na posição de presidente da república. É preciso pensar que isso sempre aconteceu no Brasil. Nunca tivemos trégua. Não importa qual seja a filosofia do Governo atual, isso sempre aconteceu e sempre vai acontecer.

Outra coisa que é preciso jogar por terra de uma vez por todas, é a pergunta do privilegiado: "mas o que ele tava fazendo para tomar um tiro da polícia e morrer"? *Agatha* estava respirando, *João Pedro* também estava e era dentro de sua própria casa, o vendedor de balas estava trabalhando e foi alvejado por um policial de folga, o outro estava voltando do trabalho e foi atingido pelo próprio vizinho do condomínio, que também é policial. Um fato sobre todas as vítimas acima. Todas eram pessoas negras. Entende a gravidade?

O que quero mostrar com isso, é que precisamos enxergar ainda mais além do que a televisão nos mostra. O sistema, que é controlado pelos *playboys*, também era responsável por taxas de homicídios altíssimas no país da Bossa Nova, nas décadas anteriores. Estamos apenas vivendo uma época em que o acesso à informação está a um palmo de nossos narizes. Vivemos a era da internet e das redes sociais. O botão compartilhamento nos faz pensar que "são tempos violentos". Mas a verdade é que sempre foram tempos violentos.

De duas uma: Ou você nunca havia pensado um pouco, além do que a televisão nos mostra e imagina que a culpa sempre vai ser do presidente que ocupa o cargo, tirando o peso da culpa do sistema, que está acima do presidente e até mesmo do próprio Estado Democrático de Direito; ou então você ainda não pegou a ideia, de que a internet nos bombardeia com informações em tempo real. E isso tende a nos fazer pensar que as coisas estão acontecendo com mais frequência, diferente das últimas décadas.

O conhecimento é a pedra angular de qualquer cidadão, que queira ter uma vida digna. Quando você é informado, você deixa de ser um combustível do jato do sistema e não aceita ser gado de ninguém. Já a falta de informação, é o principal ingrediente de quem quer seduzir almas cansadas e mentes desinformadas.

O que acontece atualmente com o charlatanismo nas igrejas. Não digo somente nas evangélicas, mas também nas igrejas católicas. Se pararmos para pensar e voltar à história, baseado em fatos e não em contos de fadas, o que fizeram com a bíblia, necessariamente no novo testamento, é exatamente o que fizeram com a Constituição Federal.

As mãos podres de quem estava no poder na época, para ser mais exato, *Constantino o Grande*, (300 D.C), empregou política na hora de organizar os livros do Novo Testamento, para que o Cristianismo ficasse em poderio de Roma.

Calma lá!

Antes mesmo de pensar que sou um satanista que quer avacalhar o Cristianismo a qualquer custo, quero deixar claro que não sou. Inclusive, admiro muito o trabalho que Cristo fez na terra. Na minha opinião foi o maior líder que já existiu e não veio falar nada além do amor. Porém, a política não entende a palavra escrúpulo.

Após 300 anos da morte de Cristo, Roma ainda era pagã e venerava o Deus Sol, uma cópia por sinal, de *Kemet* no antigo Egito. Embora o Cristianismo estivesse crescendo de forma exponencial e tudo indicava que iria engolir o paganismo. Constantino identificou que Roma estava dividida e não via outra opção senão "escolher o cavalo que estava vencendo". E o cavalo da vez era o Cristianismo.

Mesmo 300 anos após a morte de Cristo, os próprios cristãos ainda não tinham Jesus como a imagem de Deus, santo e eterno. Isso veio anos depois, decidido em "reunião", para que colocassem Jesus acima de qualquer outro Messias, o considerando o salvador, que ressuscitou e voltaria para buscar sua igreja.

Outro ponto interessante, é que o próprio Constantino se apoderou dos símbolos pagãos e "adaptou-os" ao Cristianismo. Segundo historiadores e simbologistas de todo o mundo, os símbolos Cristãos são "cópias" do paganismo. O disco que representava o sol, adorado pelos pagãos, se tornou a auréola dos santos da igreja católica, por exemplo. O dia 25 de dezembro é o nascimento de *Mitra*, que morreu, foi sepultado em um túmulo de pedra e no terceiro dia ressuscitou. O dia 25 de dezembro também celebra os aniversários de Osíris e outras divindades.

O Imperador também adaptou um dia da semana especial para seus fiéis adorar seu Deus no cristianismo. Os pagãos da época separavam um dia da semana para venerar o Deus Sol e, embora o Sabá Judaico, também conhecido como shabat, ou sábado, realmente seja no sábado, *Constantino* o adaptou para o domingo. Por isso, várias pessoas vão às missas de domingo, sem fazer ideia que isso era um costume dos pagãos, da época que veneravam o Sol. Por isso, o domingo em inglês é *Sunday*, ou seja, "dia do Sol".

No mundo inteiro, aparecem várias histórias que precedem a bíblia. Inclusive, é interessante deixar claro, que dos vários livros que Constantino tinha em mãos na época, ele escolheu qual deles colocar no Novo Testamento, para que mais se alinhasse ao discurso que iriam proferir a partir de agora.

Os livros de *Mateus, Marcos, Lucas* e *João*, foram escolhidos a dedo pelo próprio Imperador e os outros que não estavam de acordo com seu discurso político, naquela época e, a manobra que utilizaria para se manter no poder, foram todos descartados em fogueira.

Um outro fator super interessante desta história, é que outros manuscritos foram encontrados na década de 50. Pergaminhos foram encontrados em uma caverna próxima ao Mar

Morto e vários desses manuscritos tinham opiniões e pontos de vista completamente diferentes do que falam de Jesus atualmente. Inclusive tem escritos que a própria Maria Madalena deixou. Também tem os evangelhos de Felipe e outros livros que sequer foram citados na "nova bíblia", editada pelo Imperador Constantino.

Quando paramos para pensar o quanto do "dedo do homem" está na religião, o quanto de política tem ali, a quantidade de distorção que é notavelmente humana, fica difícil de acreditar em tudo, como verdade única e absoluta. Besteira não pensar que as pessoas responsáveis por escrever a bíblia, também foram seres humanos, e você já deve saber a essa altura, que onde há a mão do ser humano, há o toque do erro, da ganância, da mediocridade, da mentira, etc.. Precisamos ser mais reflexivos e pensar que o ser humano não ficou ruim somente agora. Ele é o mesmo desde a história da própria humanidade.

Todas as manobras feitas por *Constantino*, gerou o conluio entre a própria igreja católica da época e o Imperador, consequentemente focando toda a atenção ao imperador e seus desejos políticos, resultando na potência mundial que a religião e o Vaticano é.

De lá pra cá, falamos dos Cavaleiros Templários, que conta a história para nós de cavaleiros que matavam os pagãos em nome de Deus, mas na verdade, sabe-se que o objetivo dos Templários era nada além do que a busca pelo "Santo Graal". Alguns estudiosos dizem que o Graal é a taça que Jesus bebeu o vinho, no dia da Santa Ceia, para outros, nada mais são do que documentos que expõem, uma verdade que o mundo não está preparado para ouvir. O que imagino é que tem muita política envolvida nesse meio aí. A politicagem não surgiu agora, vai por mim.

Eu gosto de buscar na história, em outras fontes e por conta própria. Sem professores ou outras autoridades nos falando o que é ou não certo. Quando o seu único professor é o seu senso crítico e a experiência que você tem com seres humanos (aquele mesmo que joga aviões em prédios, dizimam cidades com bombas atômicas, colocam um colete com bombas no corpo e explodem em estações de metrô), fica muito mais fácil entender o que realmente é a religião.

É muito importante lembrar que Deus é uma coisa e religião é outra completamente diferente. Eu preciso que você entenda, que eu não estou diminuindo Deus, quando eu falo que o homem, o ser humano, escreveu a bíblia e "modelou" o Novo Testamento de acordo com interesses políticos da época. O mesmo ser humano daquela época, é o que vive hoje em dia em nosso meio.

É bom lembrar também que o meu objetivo, não é te fazer destruir igrejas ou queimar templos. Isso é coisa para os idiotas, que se dizem cristãos, mas são apenas racistas ou replicadores de racismo, que destroem os terreiros, altares e orixás, das religiões de matriz africana, alegando que tudo aquilo é coisa do demônio e, mal sabendo o "santo", que quem está fazendo o papel de demônio na vida das pessoas, é ele mesmo.

Quando eu olho para a Igreja Universal do Reino de Deus e para o Vaticano, eu enxergo exatamente a mesma coisa. Pessoas poderosas que manipulam as massas de acordo com seus interesses políticos ou de poder.

Quando um pastor usa o charlatanismo, para arrancar toda a aposentadoria da dona Maria, que imagina uma vida menos pior na eternidade, do que a que ela teve quando estava em carne aqui no mundo, ele conseguiu entender que o nome de Deus, pode ser usado para beneficiar ele e sua família, de acordo com seus interesses, sejam eles políticos ou pessoais.

Quando padres pedófilos estupram coroinhas e, o próprio Papa diz que não pode fazer nada, que é algo que o Vaticano "luta a muito tempo", eles estão me mostrando que não seguem o que o Rei dos Judeus pregava. A massa que é moldada e condicionada conforme a igreja, fica apta a fazer o que qualquer padre ou pastor falar que é em nome de Deus. Dessa forma, nem mesmo pensam de forma racional e tomam decisões por conta própria.

Fica fácil para um líder religioso puxar sardinha para determinado lado político dentro de uma igreja. Digo isso, porque me lembro quando eu era da igreja Quadrangular e os pastores faziam campanhas políticas dentro da igreja. Inclusive, os irmãos faziam tudo em nome de Jesus, ok? Não recebiam dinheiro, que por sinal, é disponibilizado para os crápulas políticos, poderem pagar as campanhas. Ou seja, a grana ainda estava sendo embolsada pelos safados.

As ovelhas da igreja, saíam para entregar os panfletos, que não poderiam ser chamados de "santinhos" e sim de "profetinhas", porque as igrejas evangélicas não acreditam em santos, senão o santo nome de Jesus. Se você prestar atenção, várias religiões e nomenclaturas de igrejas, surgiram exatamente da mesma bíblia. A minha explicação pra isso? Chama-se livre mercado.

Não pense que somente os negócios são assim. Quando um restaurante abre em uma avenida movimentada, logo logo vão aparecer os concorrentes, ainda mais se o novo restaurante estiver bombando de clientes. Os novos concorrentes não vão abrir um restaurante "idêntico" ao que havia sido aberto primeiro. Não faz sentido se você não oferecer uma "experiência diferente" para o cliente. Você precisa mudar a temática, a forma de atender, o preço, a qualidade dos produtos, etc.. Você precisa colocar um diferencial em seu restaurante.

A religião observou a mesma coisa, ainda mais após o Fortalecimento do cristianismo no mundo. Homens espertos identificaram oportunidades de mudar a nomenclatura da igreja, colocar alguns costumes diferentes, uma outra perspectiva em alguns textos e iniciaram seus negócios. Afinal, se a Universal do Reino de Deus pode ganhar dinheiro e manipular massas, usando a fé do próximo, a Pentecostal pode fazer a mesma coisa, a Adventista do Sétimo dia e a Quadrangular também. Bem como também, todas as possibilidades relacionadas ao catolicismo. Seja no protestantismo, na Anglicana, na Apostólica Romana, na Ortodoxa, etc..

O ser humano viu na religião um potencial enorme de negócio e usa da fé do próximo, seja ele apenas uma ovelha que vai à igreja ou mesmo os líderes das igrejas, que estão lá de coração, achando que estão servindo a Deus e, na verdade, estão apenas servindo a vontade de quem está acima deles e, eu não tô falando do céu.

A falta de informação, a fé cega no que o homem diz, o medo e as mentiras transformadas em verdades pela religião, são a isca que o centelho do vazio humano acende e, essa chama, se incendeia em forma de esperança na vida eterna, ao lado de Deus e das pessoas que você ama aqui na terra. Incrível pensar que tudo isso se baseia na desinformação e nas mentiras transformadas em verdades.

A história quando contada, por sua essência, sempre vai pesar para o lado de quem a conta, ou seja, o vencedor sempre será o protagonista da história. Quem perdeu, apenas faz parte da história, contada da forma como o vencedor a enxergou. A esmagadora maioria das igrejas que seus líderes praticam o charlatanismo, são compostas de ovelhas pobres. Pessoas que acham que é possível enriquecer e enfim ter uma vida digna, apenas por dar seu dízimo e oferta à casa de Deus.

O apelo de *Greed* no texto dos pastores, vem carregado de técnicas de persuasão, que até mesmo os mais renomados *copywriters* do mundo ficariam estarrecidos. Gatilhos mentais de urgência, reciprocidade e provas sociais, são usados de todas as formas. No final das contas, esse tipo de igreja tem como função, lavar o cérebro de pobres desinformados e arrancar o pouco que lhes resta. Isso só mostra o quanto as pessoas não leem a própria bíblia que creem e não enxergam o que Jesus realmente ensinou.

A consequência disso é sempre a mesma. Os bispos, pastores, padres e irmãos do conluio, gastando o dinheiro do povo, nos churrascos em suas fazendas, regados a prostitutas e muita droga. Mansões, carros importados, helicópteros, jatinho, etc...

Os jatinhos que atravessam estados em poucos minutos, leva o pastor, todo o dízimo recolhido da semana e a esperança de quem deu dinheiro e está esperando no Senhor. O combustível real que move esse jatinho é o sangue e as lágrimas da tiazinha, que sem ver saídas para o filho nas drogas, deu todo o pouco salário que ganhou na última campanha de oração, sonhando que o filho largue o vício.

O resultado final, é o pastor da igreja do lado do escritório que eu trabalhava, no centro de BH, fazer um corredor com os irmãos, dentro da igreja, e passar sua BMW X6, zero km entre o corredor de ovelhas, para que elas tocassem o importado e pudessem sentir a benção de Deus na vida do pastor. O mesmo pastor que no ano anterior, desfilava com uma Maserati, prateada nas ruas da cidade.

Quando a senhora sai da periferia pela manhã, a caminho da casa do bacana, que além de humilhá-la, ainda paga uma mixaria, ela está trocando suas horas, mais precisamente sua vida, para limpar o chão da casa do patrão, enquanto a esposa dondoca dele descansa no Spa. Ele só se preocupa em fazer mais dinheiro e conseguir pagar pessoas pobres para fazer todo o trabalho braçal de sua casa, para que sobre tempo para ele fazer trabalhos mais leves e que lhe rendem mais grana.

Sobra mais tempo para ele fazer trabalhos na frente de um computador, no ar condicionado e com uma boa xícara de café. Além é claro, de cometer seus crimes, que são relacionados a sua área de atuação, de forma quase perfeita. Sem levantar suspeitas. Seja o desvio de dinheiro, sonegação de impostos, compra de licitação nas mãos de seus amigos políticos safados, etc...

O sangue da dona Maria que limpa a casa desse bacana, nada mais é do que o combustível do seu jato. Para que o bacana possa aproveitar a vida tranquilamente, é preciso que alguém faça o trabalho duro. O impacto que a raiz Oligarca causa na árvore da justiça, somente para manter seus privilégios intactos, é enorme. Quando colocado na ponta do lápis, você consegue identificar o abismo social e, mediante isso, o reflexo que este produz.

Do crime organizado à religião baseada na mentira. Da política porca ao Judiciário corrompido. Da falsa guerra ao tráfico de drogas ao massacre da polícia em Paraisópolis.

No final da cadeia, na última ramificação da árvore, está o povo, que nem faz ideia que está sendo dizimado e que o seu maior inimigo, aquele que não permite o verde vívido em suas folhagens, são suas próprias raízes, encravadas na terra ainda em 1500 e que até hoje perduram, saudáveis e cada vez mais fortes, como as grandes árvores arcaicas da Amazônia.

CAPÍTULO 11

*O marketing agressivo e a
injeção do materialismo*

Embora eu já tenha mencionado este assunto nos capítulos anteriores, era necessário separar um capítulo inteiro para falar sobre o materialismo injetado em pobre, que não é representado nas propagandas, do produto que ele sai pra roubar e se sentir inserido.

Por mais que não vemos favelados nos comerciais da *Sorriso*, da *Apple*, da *Volkswagen*, da *Dolce & Gabbana, Lacoste* e *Louis Vuitton,* somos massacrados por um marketing agressivo que nos injeta esse materialismo e a falsa impressão de que agora somos importantes. Agora somos alguém. Agora eu faço parte das pessoas que estão dentro do padrão imposto pelo capitalismo. Um erro enorme, já que os indigentes do abismo social também serão infectados pela propaganda e vão querer buscar a qualquer custo, o que eles pensam ser deles por direito.

O ser humano tem em sua essência juntar objetos supérfluos, durante uma vida inteira, para tentar tapar o vazio de suas almas podres. O pior de tudo isso é que as pessoas realmente vendem a ideia de que para ser feliz, é necessário ter um *Iphone*, para ser alguém você precisa andar de *Nike* no pé.

Quando uma pessoa morre e você vai ao enterro, a única coisa que precisa procurar no caixão é uma gaveta onde o defunto guarda todos os seus pertences, adquiridos durante toda a vida, seja de forma honesta ou criminosa. Vai por mim, nunca tem uma gaveta.

E ainda que tivesse, na primeira noite após o enterro, seria roubado, já que no inferno ou no céu, o finado não vai precisar desses artigos.

Quando um morador de periferia entra em uma mansão, amarra todo mundo, bate no *playboy* atrás das jóias, dólares e armas, ele tem um único objetivo no final das contas. Chegar em casa, dividir com os parceiros tudo o que roubou e a partir de agora, ele quer ser inserido neste estilo de vida que a mídia vende. Ele quer ir ao BH Shopping, direto na loja de tênis e comprar todos os Adidas, que ele estava namorando enquanto foi humilhado pelo segurança, que dizia que ele não podia ficar ali na frente da vitrine, porque ia espantar os clientes.

Depois que ele fizer a limpeza na vitrine e pagar a vista, ele quer ir na ZAK comprar camisas de 700 reais e no final das contas, parar em alguma balada, no lounge, com garrafas de whisky falsificadas, que são vendidas por 500 reais. Ele vai lotar aquele lugar de mulheres lindas, que antes, nem sequer olhava na cara dele.

Ele não rouba por passar fome. Embora ainda haja muitas pessoas em situação de severa degradação humana no nosso país, a grande maioria de quem sai pra roubar, quer ser inserido nessa vida que o capitalismo vende. Por favor, não pense que o fato de eu estar criticando o capitalismo aqui, me faria pensar diferente se vivemos o comunismo ou socialismo no nosso país. Inclusive, não vejo diferença em ambos regimes, já que o material que os maneja, continuam sendo os seres humanos.

Eu sei que o sonho de consumo de todo pobre da periferia é uma casa, um *Corolla* e um tênis legal. O que me deixa mais triste, é saber que eles se matam por algo, que é possível conseguir estudando e trabalhando. Embora também seja necessário a mentalidade que entende esse caminho, ou seja, o *mindset* de vencedor e o mais importante também, é necessário paciência para seguir na humildade, trabalhando de forma honesta para conseguir o seu sonho.

O maior problema aí é que esse marketing que não perdoa, te bombardeia 24 horas, durante todos os dias. Se você olhar para a televisão, vai ver propagandas do tipo: *"compre baton… Seu filho merece baton"… "Stilo… ou você tem ou você não tem"… "Unimed. O maior plano de saúde é viver, o segundo é Unimed"… "O boticário. A vida é bonita, mas pode ser linda"…* E milhares de outras.

A parte ainda mais difícil, é olhar atualmente para as redes sociais. Lá você encontra o *Neymar* usando *Nike* e a sua camisa do *Paris Saint Germain*, custando 300 reais, você olha para o *Lebron James, Usain Bolt, Cristiano Ronaldo, Messi* e todos os outros atletas e artistas, usando *Louis Vuitton, Chanel, Gucci, Adidas, Under Armour*, etc…

Quando você está na periferia e é a margem da margem, você começa a olhar para tudo aquilo e imagina o quão distante todos esses desejos estão da sua realidade. Aí você lembra do seu pai, trabalhando de servente de pedreiro a vida inteira e tem a certeza que daquela forma, você não vai conseguir comprar a camisa do jogador que você ama e nem o tênis que ele está calçando.

Se você olhar as redes sociais com o mesmo olhar que o Tucunaré enxerga uma isca artificial, sem dúvidas você vai parar na caixa de isopor com gelo do sistema, chamada sistema prisional. É preciso aprender a filtrar a mensagem que os artistas da música estão querendo passar em seus clipes. Eles estão com garrafas de champanhe, whisky, em mansões com piscina, lotados de mulheres em volta, cordão de ouro e tatuagem até na cara. Vai por mim, aquilo ali não é exatamente a vida. Os caras precisam trabalhar também. Aquele é apenas um momento encenando um clipe.

Eu não quero parecer hipócrita, que acha que não pode fazer isso, ok? O que quero dizer é que precisamos filtrar o que vemos, precisamos nos desprender do que é material. Eu gosto de andar de *Nike* no pé, mas não saio para roubar por isso. Não é preciso causar prejuízo no próximo, para massagear meu consumismo.

Todas as vezes que não pude comprar um tênis, eu entendia que era necessário bem mais do que isso, para me deixar triste. Não tem a ver com a sua vida. A vida é uma coisa, objetos são outra.

Uma outra curiosidade que identifiquei na periferia, no que diz respeito a cometer crimes para saciar determinado desejo, está ligada à fissura em usar drogas, em sua esmagadora maioria cocaína e crack e álcool.

A maioria é para cocaína e álcool, até porque não existe combinação mais explosiva para festejar e ainda finge que não é viciante. Já o crack, transforma as pessoas em zumbis logo nas primeiras doses. A cocaína embora extremamente viciante, ainda permite ao usuário trabalhar no outro dia. Dependendo de quanto tempo a pessoa usa a cocaína, ela já até perdeu o emprego e agora está nas mãos do sistema. E quando se mora em periferia, o tráfico da área sempre tem vagas.

O desejo fabricado pela *Apple* é o que faz o excluído buscar refém para atender seus desejos. Se você tem dinheiro para comprar o Iphone e têm pouca empatia, não vai conseguir entender o que estou falando. Mas se você se colocar um pouco no lugar de quem está do lado fraco da corda, vai entender que o mesmo desejo que você sente, para comprar não só o *Iphone*, mas também os *airpods*, os fones da *beats* e, todo e qualquer gadget que a Apple lançar, é exatamente da mesma forma com um periférico.

Meu ex-sócio foi para os EUA e entrou em uma loja da *Apple*. Ele me disse exatamente com essas palavras: "Adam, eu precisava, eu não tinha escolha, eu preciso do *Iphone* e os *airpads*".

O feitiço que foi lançado no meu ex-sócio, é idêntico ao que é lançado 24 horas em alguém que nasceu em um lugar que não te dá oportunidades, que só tem intervenção do Estado pelo órgão de repressão e opressão chamado polícia. Que não tem escola de qualidade e cultura é algo conhecido apenas por nome.

Você pode estar pensando por aí: *"Mas isso não é motivo de ir para o crime"*. E eu também penso a mesma coisa. Porém, é preciso pararmos para analisar também, que isso é a nossa forma de pensar, baseado no que aprendemos e no que temos como conceito de mundo, bem como do que é o certo e o errado, baseados em nossos círculos familiares e sociais.

É chocante imaginar, que quando eu era criança eu queria ter cadernos com capa dura, com aqueles desenhos de modelos brancos, sempre, e que não tinha nada a ver comigo, mas me fazia sentir inserido no meio dos meus amigos de escola. Por mais que o produto que assola a sua mente a ponto de você dizer que precisa dele, custe o que custar, seja desenhado para pessoas brancas e com perfis sociais longe dos bolsões de miséria, você sente necessidade de comprar aquilo, afinal, quem não quer ser inserido em determinado círculo social? As marcas têm o poder de nos fazer sentir inseridos em determinados meios, sejam eles sociais ou profissionais.

Quando eu jogava futebol americano, eu precisei de apenas 1 minuto, assistindo os dois *Defensive Linemans* do *New York Giants* na época - *Justin Tuck* e *Jason Pierre Paul*, com seus

Facemasks fechados (grade de proteção do capacete). Eu já queria uma idêntica àquelas. Eu comecei a pensar que para "ser feliz" jogando eu precisava me apresentar naquele *swag*. Fiz de tudo um pouco para conseguir comprar uma *facemask* igual a deles. Na sequência, o mesmo aconteceu nas chuteiras *Under Armour*, a calça e as luvas da *Nike* e outros apetrechos, que me colocavam em um estilo que eu achava legal, que me colocavam mais "próximo" dos ídolos.

Sei que muito mais importante do que a chuteira, são os pés que a calçam. Porém, quando se tem bons pés e boas chuteiras, você é ainda melhor.

Eu estava conversando com um amigo *playboy* no Sul do Brasil. Estávamos falando sobre fones de ouvido. Eu tenho um *Beats By Dr. Dree* que por sinal, eu ganhei de uma pessoa que nem mesmo conheço. Nunca tinha visto na vida e o cara passou correndo com o fone, me pediu um copo de água e conversamos durante uns 2 minutos sobre o fone de ouvido. No final da conversa, eu ganhei um fone que quando fui olhar o preço, quase caí pra trás. Algo próximo dos R$1300,00 na época.

Os fones são incrivelmente bons. E pra quem é do movimento *Hip Hop* igual a mim, que escuta música todos os dias, quando tem acesso a fones que foram feito por pessoas de dentro do movimento, é uma energia ainda maior. *Dree* é um gênio da produção musical e revolucionou o mercado de fones de ouvido. Pensar que essa cultura, no início dos anos 80 lá nos EUA, foi incriminada e hoje dos 10 hits da Billboard, 8 são oriundos do movimento *Hip Hop,* é algo surreal.

Voltando para o Sul do Brasil, eu estava com meus fones no ouvido e super satisfeito em ouvir minhas músicas. Um dos meus amigos, me mostrou seu Iphone e os seus *airpods.* Ele disse o quão bom eram seus fones, que se encaixavam no ouvido, que a música saía pura, que bastava um toque de um lado para pausar a música, dois toques para ir pra frente, etc...

Eu apenas falei com ele - "poxa, que legal. Gosto do *Beats* porque ele tapa os ouvidos e não escutamos nada do exterior". Ele fez questão de lembrar que tinha um *Beats* parado em casa e que também iria comprar o da Sony, que tem as mesmas funções do *Beats* que tava parado, porém, tem um recurso no microfone e você pode tapar com as mãos o fone de ouvido, que você consegue escutar o exterior.

Fiquei me perguntando: O seu objetivo com o fone é ouvir músicas ou mostrar que você tem condições de adquirir qualquer um dos produtos? *Playboy* é engraçado...

Quando ele tem a oportunidade de esfregar na sua cara, que tem 3 objetos, que no final das contas tem o mesmo objetivo, ele vai fazer questão de te mostrar isso. E o mais importante. Ainda que você seja desprendido do que é objeto, igual é o meu caso, ele vai tentar te mostrar o quão importante é ter todos aqueles objetos. Ainda que ele saiba que está usando apenas um deles.

Se alguém que tem condições de comprar 3 objetos, que servem para a mesma coisa e, mesmo sabendo que não vai utilizar todos eles, ainda assim os compra, por que o favelado sem condições não faria a mesma coisa?

Outra pergunta que precisa de resposta é: Até onde uma pessoa está disposta a arriscar, para buscar bens materiais, que ela acha que vai tapar o vazio que assombra sua alma?

Se um playboy quer ter 3 fones de ouvido que servem para ouvir música, nada além disso. Por que o morador de periferia não vai querer ter pelo menos um daqueles objetos? Já que o mesmo *Lebron James* inspira o boy a ter 3 *beats*, esse mesmo *Lebron* vai fazer o mesmo com alguém de poder aquisitivo mais baixo e com aqueles que fazem parte do mapa da miséria no Brasil.

E sabemos que nós seres humanos somos mestres em caçar com gato, quando já não temos mais acesso ao cão. Isso faz parte de nós. No frigir dos ovos, uns sempre serão a frigideira com óleo quente e os outros serão os ovos a serem fritos. Basta você na sua condição de ser humano, pensar o que você faria para não ser o ovo que vai ser frito.

Quando o meio em que você vive não te dá acesso à educação, cultura e informação de qualidade; muito pelo contrário, te expõe diariamente em situações constrangedoras, em um ambiente pesado, vexatório e violento, não se pode esperar somente flores vindas daí.

Se de um lado do espelho a realidade é carnal, o reflexo dele nem sempre é a mesma coisa. O que as meninas aprendem desde a infância em periferias é que é necessário pegar o "cara do momento", o que chama mais atenção, o que é mais respeitado, o que anda de carro e moto, que tem correntes no pescoço, *Nike* nos pés, camisa de time, cabelo na régua e armas. O sistema além de produzir pais adolescentes que vão sustentar seus filhos com dinheiro de corre, também reproduz a ideia de que para a mulher ser reconhecida, ela precisa estar ao lado de um cara poderoso. Afinal, um dos papéis do sistema em manter o machismo funcionando redondinho, é o que vai manter as mulheres submissas e o poderio na mão masculina. Basta olhar para as primeiras damas de 30 anos e os políticos de 70.

Eu me lembro de quando saí da adolescência e entrei na vida adulta. Financiei uma CG Titan 125 e então comecei a me sentir mais inserido, mais dentro do jogo. Eu podia ir para os lugares de moto, não precisava mais pegar ônibus e outra, eu podia dar uns rolês e conseguir umas namoradinhas.

Um dia eu chamei uma mina para dar um rolê de moto e ela me disse que quem andava de *Titan* era pizza ou sanduíche. Uma ótima alusão ao trabalho de motoboy, que por sinal, era o que eu trabalhava na época. Ela complementou dizendo que só andava de *Hornet* pra cima. Só motos acima de 600cc.

Pra mim, o que ela disse é uma ótima maneira de mostrar o que é materialismo. Porque embora a *Titan* consiga levar ao mesmo destino que a *Hornet*, ela não tem 600cc, não tem barulhão e também não parece um robozão, que quando você chega nos rolê, você tá com a bunda lá no céu, montada na garupa daquele *transformer*, com o sonido de um caça F-16, chamando a atenção de todas as pessoas que estão no bar, que o seu boy vai estacionar em frente.

Voltamos lá naquela ideia de que o ser humano tem um *affair* com o dinheiro e o poder, que nem mesmo a ciência ainda conseguiu explicar. Os conceitos de área VIP, primeira classe, camarotes e lounges são ótimos exemplos para explicar esse fenômeno.

Mesmo que você vá a um show, consiga ouvir a mesma música e na mesma altura, estar em um lounge, acima de todos, te coloca na posição de superior, ao olhar pra baixo e ver o "povão".

Me lembro uma vez que fui em um barzinho aqui em Belo Horizonte e no andar de cima, tinha uma pista de dança. Em cada canto do grande salão, tinha um degrau acima, onde os responsáveis fecharam com faixas e criaram uma "área vip", de um degrau. Eu e meus amigos do futebol americano, tínhamos voltado de um treino, em um sábado muito quente, muito sol na cara e treino físico. A gente sempre ia para os rolês tudo acabado, mas mesmo assim ainda ia.

Nos rolês de sábado pós treino, sempre você vai ver a gente escorado nos cantos, sentados e quietos, sem dançar nem nada, até o álcool começar a fazer efeito. Eu me lembro que estava de pé e coloquei o outro pé, no degrau de umas patricinhas que estavam na "área vip" de um degrau. Eu só estava descansando o pé no degrau e uma delas já veio encher o saco, porque ela tinha pagado pra estar ali, acima no degrau e, eu estava com o pé no camarote dela. Como se o meu pé realmente estivesse atrapalhando alguma coisa ou ocupando o espaço do camarote delas.

Eu comecei a rir, de tão insignificante que aquilo era pra mim. Eu não estava conseguindo acreditar que uma das fofas que estavam lá, se incomodou porque eu coloquei um pé no degrau que ela estava. Uma delas já veio toda furiosa e queria me empurrar pra eu tirar o pé do degrau. Eu disse pra ela se acalmar e que eu mesmo iria tirar, que eu não acreditava que realmente, ela estava incomodada com o meu pé no degrau. Uma de suas amigas veio a meu favor, falando que a colega era doida, que tava chapada e que não era pra eu brigar. As pessoas quando veem um cara do meu tamanho e da minha cor, já acham que vamos quebrar todo o lugar e bater em todo mundo. Eu mais uma vez sorri e disse pra ela não se preocupar, que eu não era um selvagem. Ela tentou falar mais algumas coisas comigo e eu não dei mais atenção.

O que aprendi nesse dia, é que o ser humano, vai querer se mostrar melhor do que o outro, ainda que seja em cima de um simples degrau, que mostra quem está abaixo e o "quão distante o outro que está acima". Eu sei que existe gente mesquinha, mas não achei que eu iria trombar com uma na noite. É inacreditável, que o fato de uma pessoa estar a um degrau acima, dentro de um rolê, faz com que ela se sinta superior a ponto de um semelhante não poder colocar o pé no degrau que ela está. É um absurdo!

Foi a melhor reflexão que consegui tirar de tudo aquilo. Foi incrível o quanto abriu a minha mente naquela situação. Porque me comprovou a "necessidade" que o sistema injeta com o Marketing e o materialismo. Uma pessoa se sente melhor do que a outra, porque ela está 1 degrau acima, em um lugar que tem a mesma música, as mesmas bebidas, as mesmas pessoas e o mesmo oxigênio.

Ela paga um valor a mais, para na tabela periódica do rolê, ser considerada um gás nobre, que não se mistura com os outros elementos químicos. Para ser sincero e bem direto, esse tipo de "gás nobre", só se mistura com a gente, quando existe a necessidade da busca por outros "elementos químicos" e eu não estou falando dos da tabela periódica. Quando ela sai do apartamento dela e vai lá no Baile do Serrão balançar a raba e, usar o que os pais dela condenam veementemente nas redes sociais e grupos de whatsapp, da sua cobertura nos bairros de classe média.

Este também é mais um problema que reflete o Marketing e o materialismo injetado em pobre. E ele tem duas vertentes.

A primeira é que o favelado, como um predador selvagem, passa a "entender" que para ter a calcinha daquela patricinha no chão de um motel, é necessário ter "endolado", a fissura que a sua presa busca. E ele também sabe, que ela busca além de droga e diversão, a emoção de andar ao lado de alguém que a TV coloca como o demônio do país. Ela quer viver perigosamente, ao lado da imagem que seus pais olham com nojo, quando passam dentro de seus carrões no ar condicionado. Ela quer viver a emoção de estar ao lado de alguém que em sua quebrada é rei. Que as pessoas temem e respeitam, que tem dinheiro no bolso, cordão de ouro, relógio caro e carrão importado.

A segunda é que o pobre, que entende que isso só é possível e vive a vida inteira recebendo a lobotomia maléfica do sistema, sem dúvidas só vai ver a possibilidade de realizar seus desejos mais carnais no crime. Agora vem a pior parte de tudo isso e esse é um ponto de vista meu.

A periferia se desvia da miséria com acesso à cultura e educação de qualidade. A favela descobriu no funk, a possibilidade de viver a vida que os MCs atuais esbanjam em frente a mansões alugadas, com carros importados alugados e modelos peladas balançando a bunda. O Marketing que lavou o seu cérebro a vida inteira, agora colocou um semelhante, com as mesmas roupas, gírias, cor e biotipo, ostentando dinheiro, "vida feliz", mulher gostosa e muita droga. O Trap está seguindo o mesmo caminho aqui. Só sabe falar de droga, mulher e crime.

Embora eu sempre pensei que é necessário para nós pobres, ocupar os espaços e gerar assim a inspiração para que outros iguais também façam o mesmo, ainda assim é preciso tomar muito cuidado com isso. Eu quero andar de cordão de ouro, só pra mostrar para o meu semelhante que ele também pode fazer isso. Quero andar de carro importado sim. Ter várias empresas. Estar envolvido em vários negócios.

Besteira achar que, embora eu lute contra o sistema, eu não possa usar um tênis da *Nike* ou ter um *Iphone*. Como dito antes. Se te faz bem, apenas compre. Foda-se! Agora, o que você não pode como ser humano, é fazer da materialização o seu Deus. Da ostentação a sua religião e do dinheiro o seu salvador. E infelizmente é isso que o Funk e o Trap estão fazendo.

Não estou aqui julgando os estilos musicais, até porque são dois estilos que ouço e também canto. Estou criticando a forma como o artista se apresenta e vende uma ideia de felicidade. Sou a favor da ostentação sim, desde que você esteja ensinando aos seus a fazer algo para conseguir aquilo de forma honesta, sem atrasar e nem atentar contra a vida de ninguém.

Sou a favor de ostentar o ensino de qualidade. Sou a favor de ver você que é pobre e negro, de carro importado sendo parado em uma blitz, com o documento do carro em seu nome e em dia, só pra ver o policial catatônico, se perguntando:

"como esse criolo tá com essa nave, em plena terça-feira à tarde, com documento no nome dele e tudo certinho"?

Quero ver você lá na FGV, tomando de volta, o diploma que o *playboy* sempre roubou de nós, desde a nossa infância.

Quero ver o favelado lá na capa da *Forbes*. Porque contra tudo e contra todos, criou algo inovador, que mudou a vida das pessoas no mundo. Que resolveu o problema da sociedade. Eu sou a favor de você viver da sua arte e poder comer no restaurante chick, olhando somente para o lado esquerdo do cardápio. Sem se preocupar com quanto vai vir a conta.

Não tem nada melhor do que entrar em um lugar, que os racistas estão acostumados, a nos ver apenas carregando a bandeja, esfregando o chão e lavando pratos na cozinha; pedir a carta de vinhos e o rango mais gostoso do cardápio. Sem olhar o preço de porra nenhuma. Quero que você também sinta isso.

Só não quero te injetar isso da forma errada. Só não quero que você pense que isso é felicidade. Não quero que você busque o material a qualquer custo e queira gozar o alívio imediato da compra, de hoje pra amanhã. A vida é muito mais do que isso.

O meu objetivo é que você entenda o jogo sórdido deles. O oligarca, racista e safado, precisa que o pobre busque o material a qualquer custo. Afinal, o sistema só dá certo pra eles, só gera lucro, porque dá errado pra nós. Chama-se indústria do medo e ela também é bilionária. É preciso que o pobre morra, para que eles vivam. É necessário existir o crime, para que eles ganhem dinheiro e se blindem das leis.

Você sabe, tão bem quanto eu, que estudar e trabalhar de forma honesta, é algo que precisa ter paciência e disciplina. No final das contas você vai se dar bem, porém, vai demorar mais. Mas quando falo do ser humano, falo de quem tem em si a ansiedade. Somos imediatistas, queremos tudo na hora, no nosso tempo. É nessa hora que o crime vira o prato cheio, devido você morar na margem e o acesso ser mais fácil.

Os seus amigos andam vestidos com camisa de time, *Mizuno* do último, cordão de ouro, anel, relógio, calça de marca, *Iphone*, cabelo, barba e bigode sempre na régua, bolso cheio de dinheiro, muita droga e, por último mas não menos importante, aquela modelo, branca, que a TV te vendeu como única beleza possível, desde o dia que você nasceu. Na semana passada eles estavam igual morador de rua, totalmente quebrado. Essa semana já estão todos caracterizados da forma como descrevi acima.

O crime, devido ao risco, gera muito dinheiro. E o dinheiro é a solução para quem teve a mente lavada e vê nisso seu Deus, sua salvação.

Quando você está em um país que um salário mínimo é mil reais e, no final das contas, você pega livre na sua mão, algo perto de setecentos e cinquenta reais, sem dúvidas, gritar "tá normal" ou "azul", em um beco qualquer, pra ganhar 400 reais em 1 dia, parece ser a solução para o imediatismo material, que te foi enfiado goela abaixo.

Passa a ser normal a busca pelo dinheiro a qualquer custo. Não importa se o objetivo é ir no *Samba Prime* com uma equipe de ratos e voltar com 20 *Iphones*. Vender cada um por dois mil reais e dividir 40 mil entre 10 caras. Com uma equipe de 10 ratos, você só precisa pegar 2 celulares. Algo que é super fácil pra quem trabalha com isso em shows. Você coloca no bolso, 4 mil reais em algumas horas de corre.

Trabalhando por um salário mínimo, você só consegue ter 4 mil em mãos em 5 meses de trabalho e economia do montante total. Não pense você, que um escravo do materialismo, que está na margem social, na margem da pobreza, que nunca se vê representado na TV, pensaria duas vezes entre ganhar 4 mil em algumas horas ou 750 reais em 30 dias.

Não pense que alguém que não faz ideia do que está lendo, não teve acesso a educação de qualidade, cultura e mentalidade de vencedor, vai pensar duas vezes e querer "trabalhar honesto", enquanto o patrão o humilha.

O meu objetivo é fazer com que o pobre pense, se informe, trabalhe de forma honesta, estude e ascenda na vida.

Não é o videogame que deixa a criança pobre, violenta. A violência está em sobreviver a vida inteira na pobreza extrema. É ela saber, que pra ter aquele brinquedo que a televisão passa toda hora na propaganda, só se ele ganhar do filho do patrão, que humilha a mãe dele como doméstica. Ele pode receber a doação, já que o brinquedo quebrado não tem mais serventia para o abastado.

Adolescentes estão em morros, segurando fuzis de assalto, na grande maioria das vezes, não é porque está faltando comida em casa. Arroz e feijão tem. O básico tem. O básico dá pra conseguir até mesmo se você mendigar pela própria favela.

Embora nós, como seres humanos, tendemos a enjoar do que fazemos repetidamente, ainda que seja um vale jantar no Porção, com picanha todos os dias, vai chegar uma hora que você vai querer comer apenas arroz, feijão e ovo. O mesmo acontece quando você tem repetidas vezes no cardápio, apenas arroz e feijão. Vai chegar uma hora que você vai querer dar um basta nisso.

No meu ponto de vista, o conceito de inferno é algo que você é obrigado a fazer infinitas vezes. Seja algo bom ou ruim.

O favelado não quer mais viver o conceito de inferno em sua vida. Ele tem um aliado fortíssimo, além de uma ferramenta, que mostra que ele também merece viver o bom e o melhor. Esse aliado fala em seu ouvido desde a infância que ele precisa participar da festa do materialismo.

"Você também merece voar moleque. Compre tudo... Use tudo... Coma as mulheres mais gostosas... Coma nos melhores restaurantes... Ande nos melhores carros e com as melhores roupas... Só

assim você é alguém nesse mundo material"...

Com um aliado desses, a um palmo do nariz ou ao pé do ouvido, não tem mente que resista a mensagem que diz; que é possível conseguir o pódio de forma rápida, ainda que a duração do sucesso da "vitória", seja de apenas 6 meses. fica impossível não se deixar seduzir pelo "charme e emoção" do crime.

O fodido que está na margem, mesmo sabendo que pode ser extirpado por conta de um "furador" ou marchar 8 anos no fechado, ainda assim prefere entregar a vida em troca do material. Ele busca o elixir da vida objetificada, da forma mais rápida possível. E a ferramenta encontrada é o crime. Esse último, grávido de um sentimento de poder e respeito, algo quase impossível de se ver nos bolsões de miséria pela via dos estudos e trabalho.

Quando o assunto é crime, tudo é mais difícil. Não falo somente da possibilidade de perder a vida, a liberdade ou o movimento das pernas, que expliquei de forma curta, simples, clara e objetiva no capítulo 1. O negócio vai além do que é físico.

Existe algo fascinante no crime. Eu não preciso te lembrar que "o errado é prazeroso". O segredo gera curiosidade e o ser humano "está sempre certo", "sabe de todas as coisas". Talvez a sensação de poder, vaidade, respeito e estar acima da lei, libere hormônios como serotonina e endorfina aos envolvidos.

O crime vem fantasiado de calcinha vermelha e sem sutiã. E o desinformado, emocionado, se achando merecedor de todos os objetos que o materialismo oferece como ascensão econômica e social, vai no pêlo.

No lugar onde a cruz do trabalho e estudo não é o Dorflex, que alivia o consumismo de forma rápida, o tridente do crime quebra a velocidade do som, dos conselhos da mãe e, alivia a dor materialista como uma "solução paliativa". A atmosfera consumista exige roupas caras, somos obrigados desde o nascimento a sobreviver com o câncer psicológico material, diariamente. Aquela voz que não para de falar "COMPRA" no nosso ouvido.

E é exatamente nessa hora, que o crime está girando de pernas abertas, no poste do pole dance do sistema. Só é lucrativo para eles, porque nunca falha contra nós. Tem que dar errado pra nós, para que dê certo para o sistema.

O crime é sedutor e é esse tesão que leva ao CCC.

NOTAS

1 - https://www.cnj.jus.br/o-encarceramento-tem-cor-diz-especialista/

2 - https://cidades.ibge.gov.br/brasil/pesquisa/10091/0

3 - https://www.camara.leg.br/noticias/795364-ministerio-da-educacao-tera-aumento-de-recursos-para-investimento-em-2022/

4 - https://www.cnj.jus.br/o-encarceramento-tem-cor-diz-especialista/

5 - https://www12.senado.leg.br/noticias/infomaterias/2021/03/recordista-em-desigualdade-pais-estuda-alternativas-para-ajudar-os-mais-pobres

6 - https://www1.folha.uol.com.br/mercado/2021/12/705-mil-homens-brancos-tem-renda-maior-que-a-de-todas-as-mulheres-negras.shtml

7 - https://www.ipea.gov.br/atlasviolencia/dados-series/35

8 - https://www.npr.org/2021/12/24/1067871944/syria-civil-war-3700-deaths

9 - https://www.worldometers.info/world-population/europe-population/

10 - https://www.ibge.gov.br/apps/populacao/projecao/index.html

11 - https://ec.europa.eu/eurostat/statistics-explained/index.php?

title=Crime_statistics

12 - https://www.forumseguranca.org.br/wp-content/uploads/2019/10/Anuario-2019-FINAL_21.10.19.pdf

Referências

- A guerra não declarada na visão de um favelado - Vol 1 - Carlos Eduardo Taddeo
- A guerra não declarada na visão de um favelado - Vol 2 - Carlos Eduardo Taddeo
- A ponte - Vida e ascensão de Barack Obama - David Remnick
- Minha História - Michelle Robinson Obama
- O pensamento de Che Guevara - Michael Lowy
- Laços de sangue - A história secreta do PCC - Márcio Sérgio Christino e Claudio Tognolli
- Homo Deus Uma Breve história do amanhã - Yuval Noah Harari
- Sapiens - Yuval Noah Harari
- A Guerra - A Ascensão do PCC e o mundo do crime no Brasil
- Ensinando a transgredir - bell hooks

- Sejamos todos feministas - Chimamanda Ngozi Adichie
- Pequeno Manual Antirracista - Djamila Ribeiro
- Racismo Estrutural - Silvio Almeida
- Um defeito de cor - Ana Maria Gonçalves
- O olho mais azul - Toni Morrison
- Olhos d'água - Conceição Evaristo
- Becos da Memória - Conceição Evaristo
- Eu sei por que o pássaro canta na gaiola - Maya Angelou
- Mulheres, raça e classe - Angela Davis
- Racismo, Sexismo e desigualdade no Brasil - Sueli Carneiro
- Assim falou Zaratustra - Friedrich Nietzsche
- Crepúsculo dos Ídolos - Friedrich Nietzsche
- A elite do atraso - Jessé de Souza
- A república das Milícias - Bruno Paes Manso
- Mataram Marielle - Chico Otávio e Vera Araújo
- Cocaína A rota caipira - Allan de Abreu
- Cabeça Branca - A caçada ao maior narcotraficante do Brasil - Allan de Abreu 207
- Sérgio Cabral - O homem que queria ser rei - Hudson Corrêa
- Porque não podemos esperar - Martin Luther King

SOBRE O AUTOR

Adam Araújo é pai, empreendedor, estrategista digital, compositor, rapper, escritor, pintor e, responsável pelo projeto Geloteca BH, que consiste em transformar geladeiras velhas em bibliotecas e distribuir nas periferias do Brasil. Ele também é ex-jogador de futebol americano e um grande líder, que inspira as pessoas a buscar a excelência. Tem uma sensibilidade muito grande e é extremamente observador, embora seja muito comunicativo e extrovertido. O que traz nesta obra, é um conhecimento totalmente prático, com dados e informações do que é sobreviver nas periferias, sendo um homem negro, em um dos países mais violentos do mundo.

Site: www.adamaraujo.com.br
Redes sociais: @adamaraujo53
Arte capa: Robson Barbosa - @ilustrablack